子どものやる気を引き出す

い　メソッド

圭一

サッ　・大好きな子どもが

勉強も好きになる本

自分で考える子どもに育つ『しつもんメソッド』とは?

例えば、あなたにサッカーをしている子どもがいたとします。サッカーに対しては、やる気も集中力もあるのに、勉強のことは大嫌い。家の中ではずっとスマホゲームをしています。

テストの点数はいつも平均点以下。持ち帰った答案用紙には赤い×がたくさん……。そんなとき、あなたは何と言いますか?

「なんで、勉強しなかったの!?」

あなたの本心そのままですね。これだと「サッカーで疲れてできなかったんだよ」「はぁ、今日はやるつもりだったのに、さらにやる気なくなった」と子どもからは言い訳ばかりが返ってくるでしょう。

ですが、どのように伝えるかで結果を変えることができます。

「今回のテストで学んだことは何があった?」

怒られると思っていた子どもは「え? どうしたの?」と、最初はとまどうかもしれません。しかし、しつもんで考えるクセがつくと次第に結果や勉強への取り組み方について**振り返り**が進み、やる気が湧いてきます。

▶KEY WORD
振り返り

人間的な成長に必要なのは、自分の行動を振り返ること。振り返りができる習慣が生まれれば自主性が育ちます。

怒ることも、しつもんすることも、「勉強をしてほしい」という同じ思いですよね。事実、僕自身もこの方法で子どものやる気を引き出しています。

もうひとつ。スポーツの場面でも考えてみましょう。

子どもが重要な場面でシュートを外してしまいました。決めていれば勝てたのです。試合後、子どもにどんな声をかけますか？

「なんでシュート外したんだ！」

こう言ってしまうと、落ち着いて振り返るどころか、子どもは感情的になったり、無口になったり、泣き出してしまうかもしれません。ですが、言い方を変えることで結果を変えることができます。

「どうすれば良かったと思う？」

すると、子どもは自分で考え始めます。うまくいかなかった理由を冷静に振り返り、もっとうまくなりたい、と練習を始めることもあります。どちらも「次は決めてほしい」という思いなのです。

▶KEY WORD
伝え方を工夫

同じことでも「どう言われるか」で感情は左右されます。子どもならなおさらです。しつもんの形なら自分で考え始めます。

同じ思いでも、ちょっと**伝え方を工夫**するだけで子どもたちに変化が起きるのです。

実は、先ほどの例、いつも声を荒らげていたのは僕自身の話。あるサッカースクールで「サッカーが嫌い」と子どもたちは退会の続出。嫌いにさせてしまった自分を責める時期が長くありました。

けれど、そんな僕でもしつもんの技術を知り、身につけ、子どもたちと一緒に成長できる生の経験をしました。もがきながら、たくさんの子どもと接し、考え、試行錯誤しながら実践してきたのです。

しつもんを変えることで、子どもが**自分の将来や勉強にも興味**を示し、自ら行動を起こす体験をしているのは僕だけではありません。

「子どもが勝手に勉強し始めました！」

「サッカーしか興味のなかった息子が、学校で手を挙げるようになりました！」

「問題児扱いされていたわが子が、学級委員に選ばれました！」

▶KEY WORD

自分の将来や勉強にも興味

「目の前」の楽しいことだけでなく、「その先」を見つけ出して行動を起こすようになれば、子どもの成長は続きます。

「率先して、お手伝いしてくれるようになりました!」など、お母さんやお父さんから寄せられた素敵なエピソードにうるっときたり、「そんな関わり方もあったのか!」と僕も驚くことがたくさんありました。一方で、

「スポーツへのやる気を、少し勉強にも出してほしい……」

「ゲームばかりではなく、今大切なことにも取り組んでほしい」

というお母さん、お父さんからしつもんされることも増えました。

スポーツやゲームに一生懸命な子どもたち。夢中になればなるほど、勉強への時間やエネルギーが足りなくなる。子どもの将来を不安に思う方からの相談がたくさん届いたのです。

本書は僕自身がトライアル&エラーを繰り返して身につけた伝え方を、最短距離で身につけ、実践できる本。「マンガと小説」という形でお届けしているので、『しつもんメソッド』の理解を深めることがきっとできるでしょう。

サッカー大好きな子どもが勉強も好きになる本

COLUMN

本書の使い方

本書は…

『しつもんメソッド』をマスターできる本です。

マンガ

主人公リョウコと息子タクヤの物語で『しつもんメソッド』を紹介。

解説

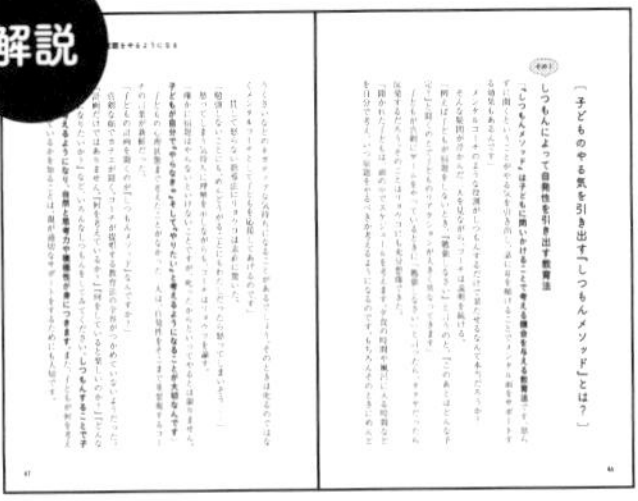

『しつもんメソッド』の考え方&使い方をさらに詳しく解説します。

Special 付録

マンガ・解説ページと一緒に楽しみながら使える

しつもんメソッドワークシート

20ページ〜

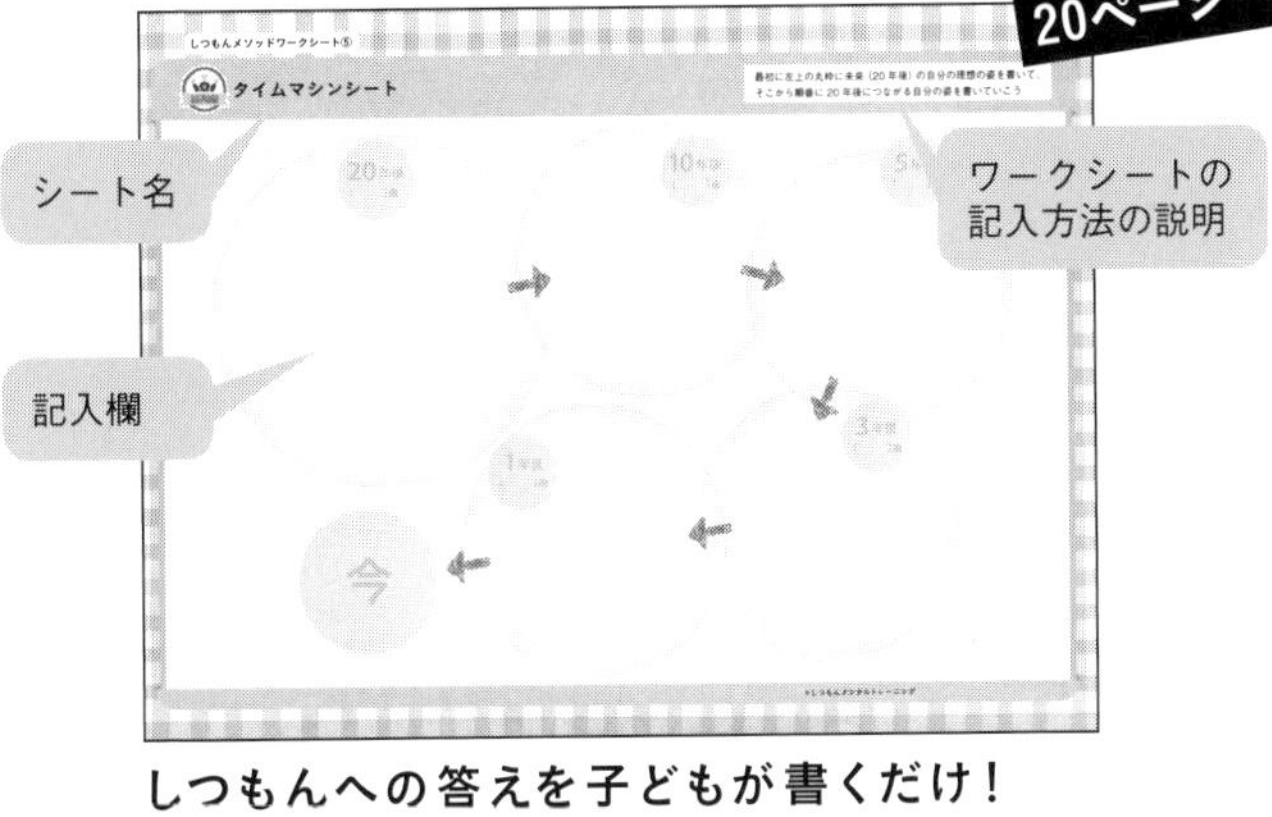

しつもんへの答えを子どもが書くだけ！
自分で気づいて考えるようになります。

登場人物紹介

菊地家

【ママ／リョウコ】

小学校5年生と2年生の2児の母（35歳）。子どもが宿題をやらないのが悩み。

【パパ／テツヤ】

リョウコの夫（35歳）。子育てにも協力的。有名中学に入れたがっている。

【タクヤ】

サッカー大好きで活発な小学5年生。遊びの誘惑に負けて勉強を怠けがち。

【シズカ】

おっとりした性格の小学校2年生。マイペースでやる気があまり見えない。

【カナエ】

タクヤのチームメイトのコウタの母（35歳）。リョウコと仲のよいママ友。

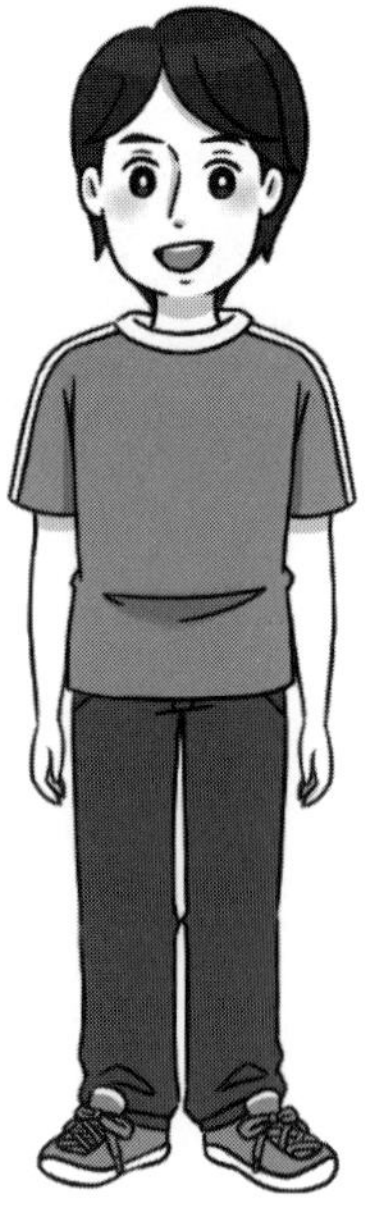

【コーチ】

サッカー教室のコーチ。子どものメンタルトレーニングに精通している。

あらすじ

息子のタクヤが宿題をやらずにサッカーに夢中になっていたある日、新しいコーチの指導法が気になったリョウコ。子どもが自主的に行動する『しつもんメソッド』で、子どもが勉強するようになると聞いたリョウコは挑戦してみるのだった。

プロローグ

子どもを上手に導く『しつもんメソッド』

ある日のリョウコさんの家
カチ
カチ
そろそろ宿題やりなさい
明日学校なのに何やってるのよ
くるっ
今やろうと思ってたのにそんな怒ることないじゃん
はぁ~…
む~~っ
ホントかよ…
まったく
シズカを見習いなさい！ちゃんと勉強して…
ブチン
ふたりともいいかげんにしなさいよっ！

…ていうことが
あったのよ
ハア…
うちもだわ〜
なんで怒られるまで
やらないんだろうね
いい感じー
そうだな
じぃ〜
明日試合だから
7時に起こしてね
ガラッ
サッカーだと
努力もするし
計画性もあるのに…
勉強となると…

ん〜〜っ
？
コーチの教え方がうまいのかしら？
あのコーチが来てからウチの子は変わった気が…
あのコーチ…
なにか特別なコツが…？
試合終了後
ありがとうございました！
タクヤ君とコウタ君のお母さんですよね？
今日も応援ありがとうございます
お世話になってます
二人とも大活躍でしたね！
マジメだし努力家でとても助けられてます

コウタくんはともかく
ウチの子がマジメなんて…
昨日もこんな事が…
ふむ ふむ
あのタクヤくんが意外ですね……
コーチのことを慕っているようですし
コーチから宿題をするように言ってやってくれませんか
タクヤくんは本当にマジメな子ですよ
その時だって宿題をやろうとしていたのかもしれません
そんなはずないです！
じゃあ本人に聞いてみましょう
タクヤ君！
昨日はお母さんとケンカしたんだって？
うん
じろ…
だって宿題しようと思ってたのに怒るから

そっか
宿題しようと
思ってたんだ
うん
ゲームが切りが
いいところまで
行かなくて
どうすれば
よかったと思う？
うーん
ゲームを急いで
終わらせる！
そっか
そういうことを
考えてたんだな
教えてくれて
ありがとう
はーいっ
もう戻っていいよ～
きょとん…
タクヤ君なりに
いろいろ考えていた
みたいですね
①宿題もしないといけない
②ゲームも切りの良い
ところまで終わらせたい
それで①のために
②を優先してしまって
いたんですね
ゲーム
宿題
うーん…
とは言え…
宿題を優先してほしいなぁ～…なんて
お母さんの
気持ちはわかります
でもタクヤくんも
経験がないなりに
考えてるんです
だからまずは話を
聞いて導いてあげて
ほしいんです！

話を聞いて頭の中を整理してあげると
自然と宿題をすることの重要性に気が付きゲームの前に宿題を済ませるなど解決策を自分で見つけるようになります
？
タクヤの頭の中を…整理してあげる…？
名付けてしつもんメソッド！
しつもんして自分で考えさせてみてはいかがでしょうか？
ほとんどの場合命令してもうまくいきませんしね
タクヤ君がここまでサッカーをがんばれているのは
しつもんに答えることで頭の中が整理できているからだと思うんですよね。
よしっ
わたしもコーチみたいにあの子を導けるようになりたいです
わたしたちにその方法を教えてください
え～私も!?
ビクッ
こうして二人は『しつもんメソッド』を学び始めたのだった

Special 付録

しつもんメソッドワークシート

「しつもんメソッド」と一緒に使えば効果アップ。
ゲームのような感覚で、子どもが楽しみながら記入できます。

① ゴールデンサークル

本当に自分が
実現したいことと
その方法に自分で気づく

☞21ページ

② 自分らしさ発見

本当に大切に
するものに
改めて気づける

☞22ページ

③ 壁を乗り越えよう

夢の実現のために
何をクリアすべきか
気づける

☞24ページ

④ プレッシャーを味方にする

自信のなさによる
緊張をやわらげ
やるべきことが明確になる

☞26ページ

⑤ タイムマシンシート

将来の夢〜現在の
各ステップで
何をすべきかが見える

☞28ページ

⑥ WISH リスト

自由にやりたいことに
思いを巡らせることで
新しい可能性が広がる

☞30ページ

※ワークシートは右記 URL からもダウンロードできます　http://shimt.jp/bunbu/

ゴールデンサークル

WHY・HOW・WHAT に
記入してみよう

WHY……どんな自分になりたいだろう？ また、その理由は何だろう？
HOW……どうしたら理想の自分に近づけるだろう？
WHAT… 理想の自分に近づくために、まず、何をしよう？

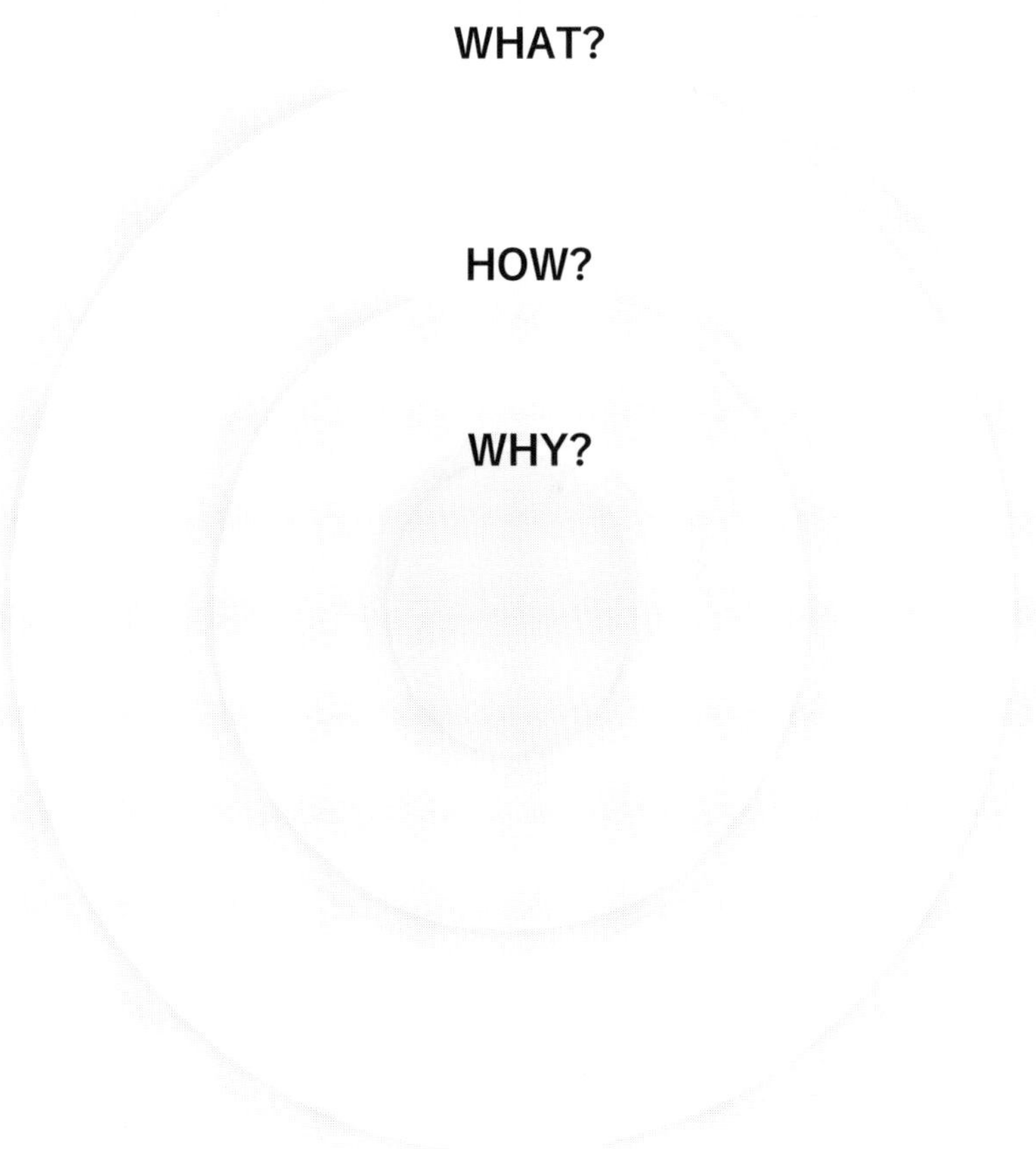

左の32のことばから「自分が大切だと思うこと」を
下の6つの枠の中に入れよう

- ○効率…無駄がないようにする
- ○多様性…いろいろなやり方を受け入れる
- ○フェア…自分にも相手にも公平を心掛ける
- ○家族…家族との時間を大切にする
- ○健康…心も体も健康である
- ○楽しみ…常に楽しむ姿勢をもつ
- ○成長…自分の成長を考え実行する
- ○正直さ…ゴマかしたりウソをついたりしない
- ○誠実…まじめで、真心があること
- ○知識…自ら学び知識を深める
- ○レガシー…将来を考えて行動する
- ○忠誠…コーチの教えに真心をもって動く
- ○情熱…情熱、わくわく、やる気がある
- ○完璧…つねに欠点がなく、完全を目指す
- ○質…質の高い練習、動きをする
- ○簡単…無理をせず、シンプルにやる
- ○地位…高い役割を持ちコントロールする
- ○戦術…結果から作戦を練り実行する
- ○チームワーク…仲間と一致団結する
- ○信用…信用してもらえるようにつとめる
- ○奉仕…掃除や雑用なども喜んでやる
- ○知恵…良い判断をするために、深く考える

SHITSUMON MENTAL TRAINING

自分らしさ発見

- Accountable 責任《せきにん》
- Achievement 達成《たっせい》
- Authority 権力《けんりょく》
- Balance バランス《ばらんす》
- Change 変化《へんか》
- Commitment 宣言《せんげん》
- Competence 能力《のうりょく》
- Courage 勇気《ゆうき》
- Creativity 創造力《そうぞうりょく》
- Customer Satisfaction 観客の満足《まんぞく》
- Diversity 多様性《たようせい》
- Efficiency 効率《こうりつ》
- Fairness フェア《ふぇあ》
- Family 家族《かぞく》
- Fitness 健康《けんこう》
- Fun 楽しみ《たのしみ》
- Growth 成長《せいちょう》
- Honesty 正直さ《しょうじきさ》
- Integrity 誠実《せいじつ》
- Knowledge 知識《ちしき》
- Legacy レガシー《れがしー》
- Loyalty 忠誠《ちゅうせい》
- Passion 情熱《じょうねつ》
- Perfection 完璧《かんぺき》
- Quality 質《しつ》
- Simplicity 簡単《かんたん》
- Status 地位《ちい》
- Structure 戦術《せんじゅつ》
- Teamwork チームワーク《ちーむわーく》
- Trust 信用《しんよう》
- Service 奉仕《ほうし》
- Wisdom 知恵《ちえ》

○責任…行動や結果を引き受ける
○達成…目的を成しとげる
○権力…決めごとなどの権力をもつ
○バランス…勉強とスポーツのバランスをとる
○変化…常に新しい手法を試す
○宣言…やると決め、宣言する
○能力…スキル、能力がある
○勇気…勇気をもってチャレンジする
○創造力…今までにない新しい方法を考える
○満足…見てくれる人を楽しませる

ゴール(夢)に向かう君を邪魔する敵(壁)は何かを書き込もう

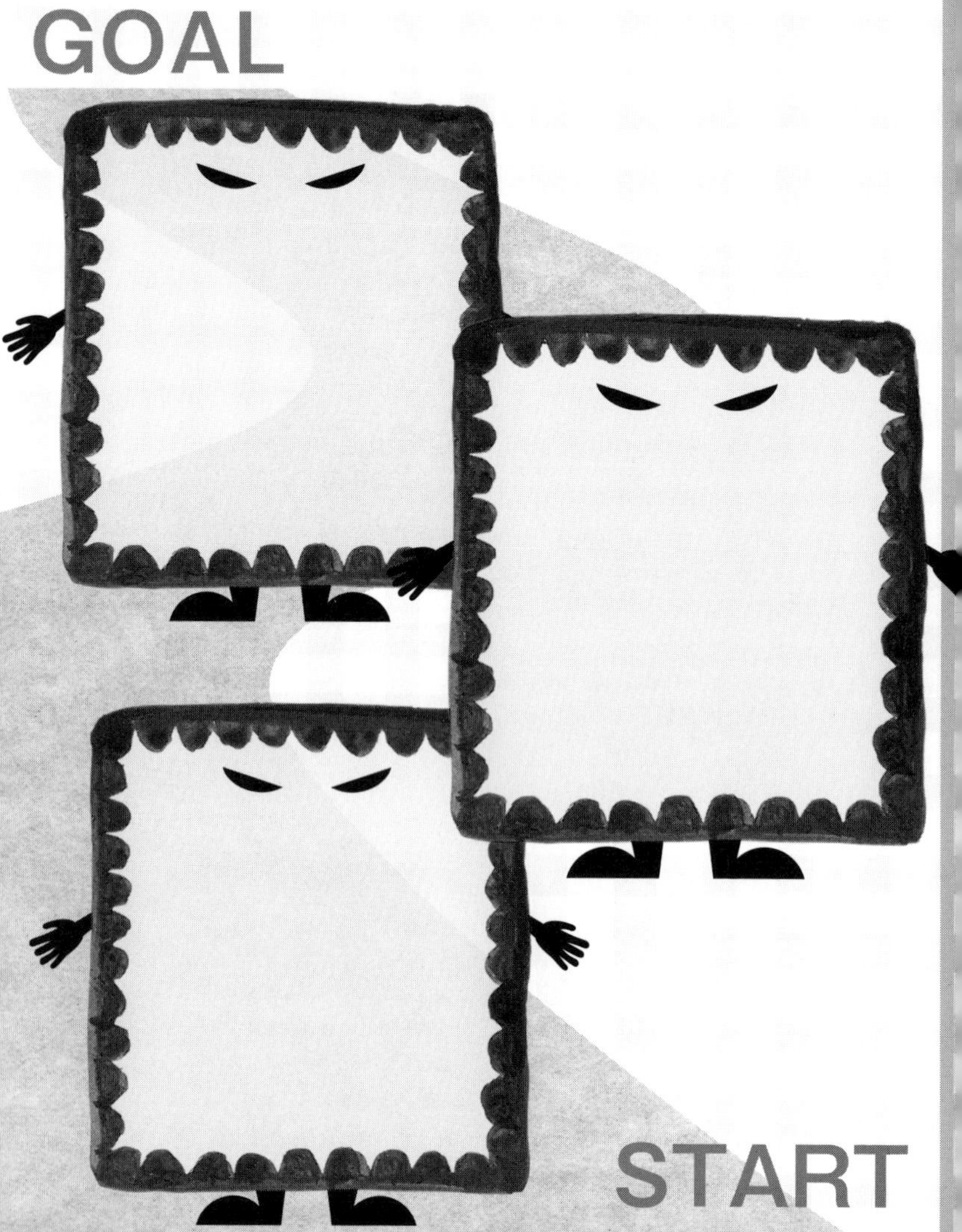

壁を超えよう

どんな壁が
現れますか？

「緊張している」と感じたら、下のしつもんへの答えを書いて
その後に見直してみよう

自分の力で変えられないものは何ですか？

プレッシャーを味方にする

自分の力で変えられるものは何ですか？

最初に左上の丸枠に未来（20 年後）の自分の理想の姿を書いて、
そこから順番に 20 年後につながる自分の姿を書いていこう

10年後
(　　)歳

5年後
(　　)歳

3年後
(　　)歳

SHITSUMON MENTAL TRAINING

タイムマシンシート

20年後
(　　　)歳

1年後
(　　　)歳

今

SHITSUMON MENTAL TRAINING

WISHリスト

何でも叶えられるとしたら何を叶えたい？
叶えたいことをできるだけたくさん書こう

第1章

「怒らず聞く」で宿題をやるようになる

うーん
さっそくですが…
『しつもんメソッド』ってどうやれば…
お二人は子どものやる気を引き出すために何かしていますか？
次のテストは80点以上目指そう!!
高い目標を設定することですかね
えらい!!天才〜!!
やめてよ
ひたすら褒めるとかかな？
その効果はどうでしょうか？
どうって
…
言われたら…
ガクッ
はぁ…
うんうん
私も…

無理に決まってんじゃんそんなの…
言うこと全然聞かない
大切なのは子どもが主体的に動くこと
ドンッ
ずばり自発!
じはつ?
口で説明してもピンとこないですよね……
うんうんっ
見る方が早いので
今度練習を見に来てください
3日後

ドンッ
ガン
あ〜っ!!
おしいっ!!
おーい!
タクヤ君…シュート打つ時何考えてた?
コーチ…
うーん…
ボールが来た!と思って焦っちゃった
そっか…どうしたら良かったと思う?
えっと…
なるほど
もうちょっと落ち着けば良かったかな…
無心で振り抜くというか…
そうだね
じゃあ次は落ち着いて蹴れるように練習しよう!
ポンッ
うんっ!次はがんばる
ふ〜ん。
注意したりしないんだ?
落ち着いていけれ!!とか…

練習後
もう少し練習しようぜっ
おう！
「どうしたら良かった」って聞いてたね
あれが『しつもんメソッド』なのかな？
ひょこ
「コントロールされてる感」を
子どもは一番嫌いますからね
ビクッ
そうです
「高い目標設定」も
「ひたすら褒める」も
子どもをコントロールしてやろうという気持ちが見え見えなんですよね
コントロールされてる感？

思い当たる事が…
できるよね
ハ…ハイ
はいっ プレゼント
テキスト
それ
これ
う～ん
ギクッ
タクヤくんを見てみてください
タクヤー!!
くるっ
ドッ
よしっ!
冷静に冷静に…
ドンッ
自分で気がついたことは身につきやすいんです
…人に言われるんじゃなくてね
パスッ
しつもんで考える機会をつくり行動へつなげる それが『しつもんメソッド』なんです
決めた!!

う――んっ
そんなにうまくいくのかしら？
良い答えじゃなくていいんです
まずは子どもが考えてそれを親が聞くというのが大切なんです
ワクワク
でっどうすれば『しつもんメソッド』が宿題に役立つんです!?
まずは宿題をやる理由を考えさせてあげてください
やらされている宿題は自発的とは言えません
確かにやる気が違うものね
でも宿題をやる理由なんて見つかるのかしら？
子どものやる気をうまく引き出せるのが『しつもんメソッド』の強みなんです
絶対できます!!

［好奇心旺盛だけど、子どもの心は乱れやすい］

「『しつもんメソッド』が有効なのは、子どものやる気を削がないからです」

リョウコとカナエにたずねられたコーチは、よほど自信があるのか目をキラキラと輝かせている。

「子ども時代、親から『宿題やりなさい』と言われてムッとしたことはありませんか？」

幼少時代の記憶がありありと思い起こされ、リョウコは苦々しい顔でうなずいた。

「『今からやろうと思っていたのに！』ってことが何度もありました」

「そんなとき、さざ波が立ったように心が乱れ、やる気がなくなってしまいますよね。大人だったら気持ちを鎮めて、改めて集中することができますが、成長途中の子どもにはまだ難しいものです」

怒られてもすぐに切り替えるという大人になった今では当たり前のことが、幼い自分にはできていなかったことに気が付きリョウコは驚いた。その横で思い当たるフシがあったのか、苦々しい顔をしたカナエが言う。

「……ほんと子どもって妙なところで繊細なんだから」

楽しそうにしていたかと思えば、ちょっとした一言に反発する。思いどおりに動いてくれないタクヤの顔を思い浮かべ、リョウコも心の中でカナエに同意した。

「でも、それが子どもの良いところでもあります。ちょっとしたことに影響を受けやすいため、好奇心旺盛とも言えます」

二人に共感しながらもコーチは子どもの肩を持ち、そしてひとりの男の子を見る。

「あそこにいるタイチ君は、電車が大好きなんです。家では一心不乱に電車の本を読んでいるみたいで、全国の駅名や車両名などすべて暗記しているんですよ。子どもには本来そういったすごい能力が備わっているんです」

自分が使っている路線の駅名すらあやしいリョウコは、普通の少年がすごい暗記力を持っていることに驚いた。しかし、普段のタクヤにも心当たりがあった。

「確かにタクヤもサッカー選手の名前をたくさん覚えているんですよ。その記憶力をテストでも発揮してくれたらと思うんですけど……」

リョウコからタクヤの一面を聞き、コーチはなんとなくうれしい気持ちになった。

「そういった**子どもの好奇心から生まれる潜在能力を上手に引き出していこう**というのが、僕がお伝えしている『しつもんメソッド』なんです」

「今やろうと思ってたのに」は嘘ではない

「好奇心がうまく作用した例として、魚好きが高じて東京海洋大学客員准教授にまでなった、テレビでも活躍するさかなクンが挙げられます。**教えられるのではなく主体的に学ぶことで、だれもが驚くほどの知識を得ることができる**んです」

コーチが思いもかけない人物の名前を挙げたのでリョウコはふっと笑った。しかし、カナエは自分の子どもが主体的に学ぶようになるなんて信じられないようだった。

「でも、学校の宿題にそこまで興味を持たせるなんて難しそう。それに好きなことしか勉強しなくなるのはあんまりうれしくないかも」

確かに学校にはいろんな科目があり、宿題も多種多様だ。そのすべてに興味が持てるとは思えないし、興味がないからといって宿題をしないのは困る。しかし、カナエの冷静な指摘にもコーチは余裕を崩さなかった。

「うまくやればですが、学校の宿題だって子どもの興味や、やる気を引き出すことができます。**最初は好きなことからでも、きっかけ次第で他に興味を持つこともある**んです。それに子どもにだって意外と『宿題をやらなきゃ』という意識はあるんですよ」

コーチに言われて、リョウコは気が付く。

「コーチに聞かれてタクヤも言ってましたね。ゲームを終わらせてから宿題をやるつもりだったって」

宿題なんて眼中にないと思っていたのに、子どもなりに考えていたのだ。

「やらなきゃ先生に怒られるし、友だちはみんな出しているし、やらなきゃという気持ちはどの子にもあるんです。もちろん好奇心を持って取り組むのが一番効果がありますが、宿題に関してはしつもんでうまくやる気を引き出すのもいいと思います」

「今やろうと思ってたのに」というタクヤの言葉を聞くたびに苛立っていたが、それが嘘ではないと理解し、少し反省したリョウコだった。

宿題しない子どもの心境

心の中では「宿題をやらなくちゃ」という思いがあっても、あと回しにしてゲームなどに夢中になって、結果忘れてしまいます。

［心の整理がつけば自発的に宿題をする］

「でも、やらないといけないってわかっているのに、なぜあと回しにするんでしょうか？」

タクヤはしっかりしているとコーチは言っていた。しかし、家での学習態度を見ているリョウコには決して真面目には見えなかった。少なくとも宿題をやろうなんて素振りは全く見えなかったのだ。リョウコの疑問にコーチが答える。

「それはモチベーションの違いです。**宿題をやらなきゃと考えるのは、やらないと怒られるから。でも自分から進んでやりたいわけではない**ので、サッカーやゲームなどやりたくてたまらないものを優先してしまうのですね」

とはいえ宿題をやらないわけにはいかない。リョウコとカナエにとっては、嫌がる子どもに宿題をさせるのが親の仕事だと思っていたぐらいだ。

「それでしつもんなんですか？　どうしてそれで勉強するようになるのかよくわからないのですけど」

カナエが素直に疑問をぶつける。理解できない指導法を聞いて語気が少し強くなっているようだ。

「**しつもんをする一番の理由は、子どもが自分の頭と心を整理をするためです**。しつもんされると自然と考え始めます。そうすれば遊ぶこととのバランスに気が付くようになるのです」

自信満々に答えるコーチ。何人もの子どもを勉強にも興味を持ってもらえるようにしてきたのだろう。

腑に落ちていないカナエもコーチの堂々とした話し方に話を聞いてみようという気持ちになったようだ。

「では、何を、どんな風にしつもんすればよいのでしょうか?」

リョウコのしつもんの答えにカナエも真剣に耳を傾けていた。ただ聞くだけではない、コーチなりのコツがあるはずだ。

心の整理とは?

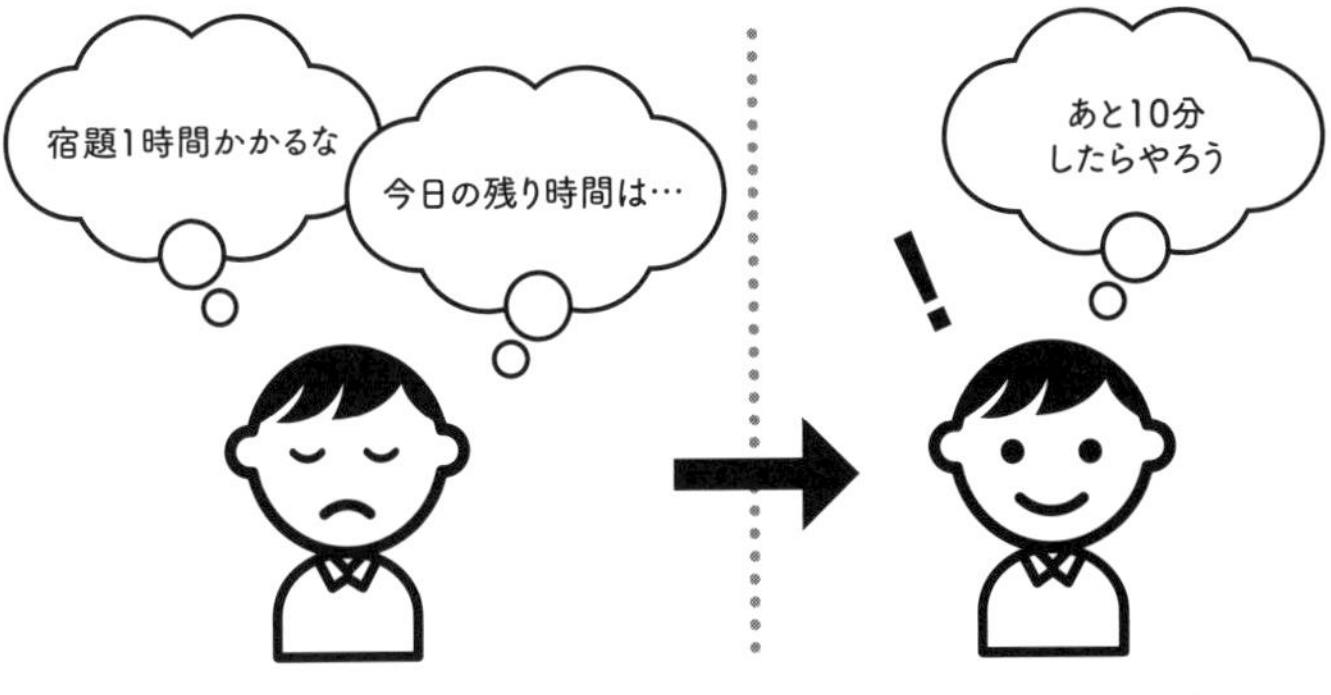

しつもんで宿題のことを思い出したら、自分なりに残り時間を計算して、何時から取り組むべきかを自分で導くようになります。

［親は子どものメンタルコーチになろう］

『しつもんメソッド』に興味を持ち始めた二人を見てコーチは笑みを浮かべた。

「お二人はメンタルコーチという職業をご存知ですか？　スポーツや仕事でより良い成果を出すために、クライアントの精神面をサポートする職業です」

なんとなく聞いたことはあるが、あまりなじみのない職業だとリョウコは思った。

「その職業が、子育てと何か関係があるんですか？」

子どもの勉強とメンタルコーチ。そのつながりが二人にはピンとこなかった。

「**子どもが前向きに勉強や課題に取り組めるようにサポートするという意味で、親は子どものメンタルコーチだと思うんです**。子どもの頃って意外とストレスやプレッシャーを感じていなかったですか？」

こなさないといけない宿題や初めて体験する物事、親や教師からの叱責。リョウコにも子どものストレスには心当たりがあった。

「確かに楽しくない勉強を無理矢理やらされたりしてストレスだったかも」

自身の体験を振り返っているリョウコを見ながら、コーチは優しく説明する。

「ハードな練習やプレッシャーのかかる試合に臨むスポーツ選手は、常に最高のパフォーマンスが発揮できるように精神面も調整しています。メンタルコーチの指導の下、高いモチベーションと集中力を自分自身で生み出せるように日々トレーニングしています!」

納得できないような素振りで、カナエが小首をかしげていた。

「子どもにメンタルトレーニングが必要ってことですか? そこまでやる気満々の子どもってイメージできないですけど」

カナエの指摘に、コーチは慌てて解説する。

「もちろん、スポーツ選手がやっているのと同等の指導は必要ありません。**子どもを怒ったりするのではなく、子どものやる気を育みメンタル面を支えてあげる**。そういった意識を持つことが必要なのです。怒ってしまうと余計に子どもの心が乱れてしまいますからね」

コーチの言うことができれば効果があるかもしれないが、話を聞いているうちにリョウコは自信をなくしてしまった。

「怒らずに子どものやる気を引き出し、なおかつメンタル面もサポートするなんて難しそう……」

「それがだれでもできるようになるのが『しつもんメソッド』なのです」

［子どものやる気を引き出す『しつもんメソッド』とは？］

その1

しつもんによって自発性を引き出す教育法

「**『しつもんメソッド』は子どもに問いかけることで考える機会を与える教育法**です。怒らずに聞くということがやる気を引き出し、話に耳を傾けることでメンタル面をサポートする効果もあるんです」

メンタルコーチのような役割がしつもんするだけで果たせるなんて本当だろうか？

そんな疑問が浮かんだ二人を見ながら、コーチは説明を続ける。

「例えば子どもが宿題をしないとき、『勉強しなさい』と言うのと、『このあとはどんな予定？』と聞くのとで子どものリアクションが大きく異なってきます」

子どもが真剣にゲームをやっているときに「勉強しなさい」と言ったら、タクヤだったら反発するだろう。そのことはリョウコにも充分想像できた。

「聞かれた子どもは、頭の中でスケジュールを考えます。夕食の時間や風呂に入る時間などを自分で考え、いつ宿題をやるべきか考えるようになるのです。もちろんそのときにめんどうくさいなどのネガティブな気持ちになることがあるでしょう。そのときは叱るのではなくメンタルコーチとして子どもを応援してあげるのです」

一貫して怒らない指導法にリョウコは素直に驚いた。

「勉強しないことにも、めんどうがることにもわたしだったら怒ってしまいそう……」

怒ってしまう気持ちに理解を示しながらも、コーチはリョウコを諭す。

「確かに宿題はやらないといけないことですが、叱ったからといってやるとは限りません。**子どもが自分で『やらなきゃ』そして『やりたい』と考えるようになることが大切なんです**」

子どもの心理状態まで考えたことがなかった二人は、自発性をそこまで重要視するコーチの言葉が新鮮だった。

「子どもの計画を聞くのが『しつもんメソッド』なんですか？」

真剣な顔でカナエが聞く。コーチが提唱する教育法の全容がつかめていないようだった。

「計画だけではありません。『何を考えているか？』『何をしていると楽しいのか？』『どんな自分になりたいか？』など、いろんなしつもんをしてみてください。**しつもんすることで子どもが考えるようになり、自然と思考力や積極性が身につきます**。また、子どもが何を考えどう感じているかを知ることは、親が適切なサポートをするためにも大切です。

その2

強制しないので子どものやる気が出る

「怒らずに聞くのがポイントなんですね」

でも、つい口に出しちゃいそう」

リョウコは率直な感想を漏らした。赤ちゃんのときから手をかけて育ててきた子ども。大きくなったとはいえ、口うるさくしてしまうのは愛情の裏返しだとも言える。

「気持ちはわかります。子どもは大人が予想しない行動に出たりするので、ついついちゃんとしてほしいとやり方を教えたくなりますよね。でも、この教育法が重視するのは目先の正解ではなく将来への成長。**しつもんして返ってきた答えが間違っていてもいいんです。子どもが自分で考えて行動に移すというのが大切**なのです」

間違ってもいいというのは二人にとって新鮮な言葉だった。正しいことを子どもに教えてあげなければというプレッシャーが母親にはある。しかし、間違っていたとしてもそれが子どものためになるなんて、にわかには信じがたかった。腑に落ちていない二人を見て、コーチは説明を付け加えた。

「そもそも子どもに強制するのは非効率です。『あれをしなさい、これをしなさい』と指示したら子どもは反発して、やるはずだったこともやらなくなったりしますよね。また、大人の言うことを聞きすぎるのも問題です。**将来社会に出たときに自分で考えて動くことができない指示待ち人間になってしまいます**。そうなると、時にはモラルや法律に反する指示でも実行してしまうような場合もあるはずです」

子どもの将来について漠然と考えてはいたけれど、日々の接し方が子どもの人格に影響を与えるとなると、リョウコは身が引き締まる思いだった。

「なるほど、怒ったり強制させるのもマイナス面があるんですね」

反省するリョウコを見るコーチは、ニコッとしながら言った。

「なにより、子どもが自分からやる気を出してくれるのはうれしいものですよ」

強制されると反発する心境

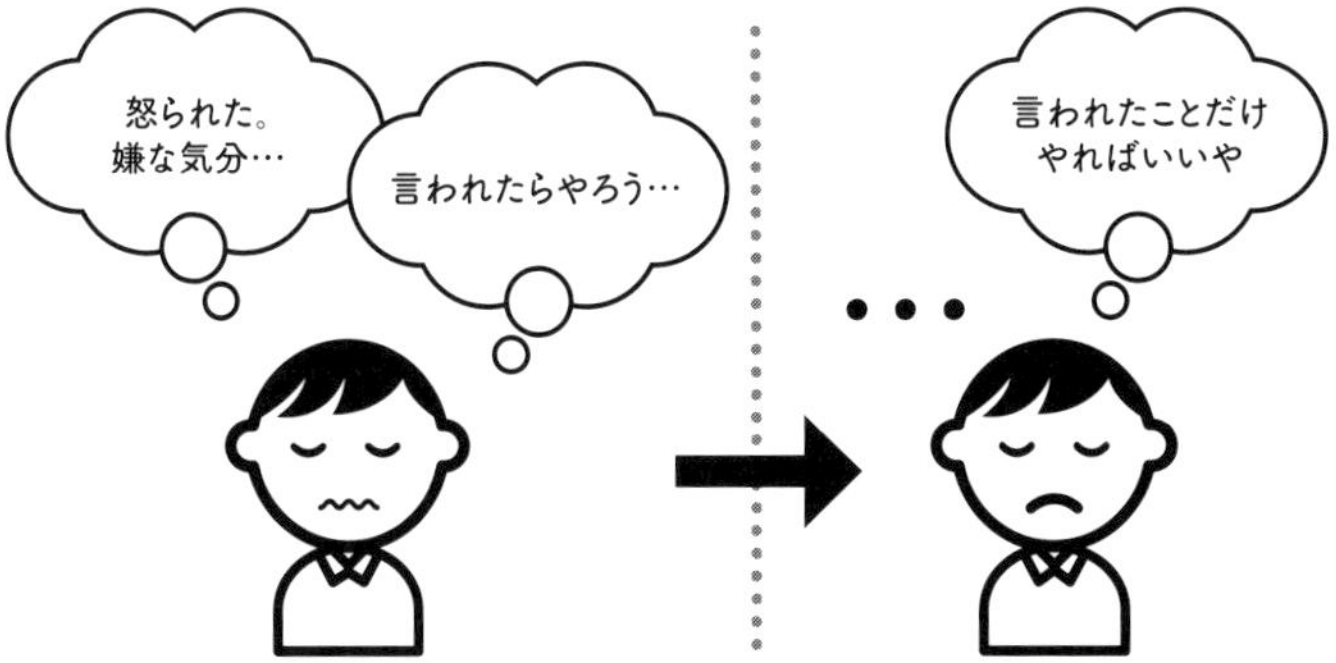
怒られた。
嫌な気分…
言われたらやろう…
言われたことだけ
やればいいや
• • •

子どもが自発的にやらないからと強制すると、怒られないために言われるがままやる自主性のない子どもになる可能性があります。

その3

聞いてもらえるから子どもが安心する

コーチから『しつもんメソッド』の話を聞き、リョウコは早く子どもにしつもんを試してみたくなっていた。しかし、カナエはまだ不安があるようだ。

「男の子って、特に親が関わってくることを嫌がりませんか？　こないだなんて部屋に勝手に入らないでほしいと言われてしまって。そんなときに子どもにしつもんなんてしたら怒られそうじゃないですか？」

確かに子どもは大きくなってくると、徐々に反抗的になってくるもの。母親にべったりというのも困るが、ツンケンされるのもつらいものだ。

「もちろん聞くタイミングは重要です。ですが、聞いてもらえるのは子どもにとってうれしいことですよ。というのも、**大人は思ったよりも子どもが本当に思っていることを聞けていない**からです。例えば二人はお子さんが本当にやりたいことを知っていますか？」

急に聞かれてリョウコとカナエはたじろいだ。

「え～と……。サッカーとゲームは好きそうだけど、勉強はきっと嫌いかな」

漠然とではあるが、普段の会話からなんとなくタクヤの好みが想像できた。

「それはタクヤ君本人から聞いた言葉ですか？　サッカーを楽しそうにやっていると思っていたら、友だちがやっているから始めただけで本当は楽しくなかったという例がありま す。普段、距離が近いからこそ、『きっとうちの子はこれが好きだろう』と決めつけてしまいがちだったりするのです」

リョウコはサッカーをするタクヤの姿を思い浮かべた。真剣に取り組んでいたがあの子にも親に言えない悩みなどあるのだろうか？　絶対にないと言い切れないような気がした。

「**子どもの本当の気持ちを知らないどころか、子どもが言われたくないような言葉をかけてしまっていることだってあります**。『どうせ無理でしょ』『言うとおりにしなさい』『なんでこんなこともできないの』という何気ない一言が、子どもの心を傷つけてしまうことだってあるのです。そのため、『しつもんメソッド』ではしつもんをして普段から子どもの気持ちを知ることで、子どもが言われたくない言葉を言わないようにすることができるんです。**嫌なことを言わない大人には、子どもは自然と心を開いてくれる**ようになるんですよ」

小さな頃に些細な言葉に傷ついたことはあるが、自分が親になると余裕がなくて厳しい言葉を子どもにぶつけてしまっているような気がした。コーチは常に子どものことを知るように努力しているのだろう。コーチの慕われ具合が、リョウコには眩しく感じられた。

その4

怒らなくていいから親もラクになる

コーチが提唱するメソッドに興味を引かれる反面、自分にできるか二人は不安になってきた。コーチのように話し上手で子ども好きな人間でないとできない気がしてくる。

「そして**『しつもんメソッド』の一番のメリットは、親も肩の力が抜けるところです**」

二人の不安そうな表情から察したのか、コーチが親の負担の少なさを強調した。

「そうなんですか？　大体こういった子育てメソッドは親が頑張らないといけないイメージがあるんですけど」

カナエの指摘にリョウコも静かに同意した。

「『しつもんメソッド』は子どもの意思や興味を尊重する教育法です。先ほどもお話ししたように、**決して感情的に怒ることがありません**。怒るのって親も大変ですよね。すごいエネルギーがいりますし」

コーチの言葉にリョウコは大きくうなずいた。

「そうなんですよ。子どもも反発するし、ヒートアップして思ってなかったようなことまで言っちゃったりして……。それに子どもを怒るほど自分がしっかりしてるわけではないので、『ママだってしっかりやってないじゃん』って言われちゃったりして」

うまくいっていないという思いが溢れ、リョウコは言葉を続けた。

「勉強させなきゃとは思うんですけど、向いてないことを無理にやらせるのもかわいそうになっちゃうんです」

少し声を震わせているリョウコを、コーチは優しく諭す。

「子どものために言っているのに、伝わらないのはつらいですよね。でも、**『しつもんメソッド』なら子どもになぜ伝わらないのかも知ることができます**。続けるうちに子どもとの信頼関係が生まれるので、今よりももっと笑顔が生まれて、勉強にも成果が出るはずです」

信頼されている安心感を得る

いろいろ
聞いてくれる
話していて
楽しいや
なんだか
話しやすい

子どもうにしつもんを続けることで自然に思っていることを話せる相手となっていきます。

「『しつもんメソッド』のルール」

その1

しつもんの答えを否定しない

　リョウコがここまで子育てにフラストレーションを抱えていたのは、コーチにも意外だった。コーチは自信を持ってリョウコに言った。

「怒る教育になじめない優しいお母さんにこそ、子どもの意思を尊重する『しつもんメソッド』は向いています。子どもの気持ちを敏感に察することができるからです。今から効果を上げる3つのルールを説明していきますので、ぜひ取り組んでみてくださいね」

　コーチの優しい言葉に泣きそうになりながら、リョウコは「はい！」と返事した。タクヤのためにも『しつもんメソッド』を身につけたいとリョウコは心から思った。

「**ルールのひとつ目は、子どもの答えを絶対に否定しないこと**。時にはこちらの意図と全く違う答えや、突拍子もない答えが返ってきたりしますが、子どもの意見はどんなものでも尊重するのが大切です」

　リョウコとカナエはとまどった。子どもの突拍子のない答えを否定したり訂正したりしない自信がなかったからだ。正直な感想をカナエは口にした。

「それって難しそう。『何考えてた？』って聞いて、『何も考えてなかった』とか言われたら、『しっかりしなさい』って言っちゃいますもん」

うんうんとうなずきながら、コーチはカナエの疑問に答える。

「子どもの考えを聞きたいと思っているのにそんな答えが返ってきたら、がっかりした気持ちになりますが、そこは一度受け止める。『しっかりしなさい』と言われたら、子どもは反発したり、間違ったことをしたと思って自信をなくしてしまいます」

子どもが些細な言動に傷つくことはわかったが、リョウコはまだピンときていなかった。

「考えを否定したり、矯正してはいけないのであれば、一体何のために聞くんですか？」

真剣に学ぼうとしているリョウコを見て、うれしそうにコーチは言う。

「ひとつは、子ども自身が考える機会をつくるためです。『どんなこと考えてた？』と聞かれることで、子どもはそのときの自分を振り返ります。**どんなにダメな答えが返ってきても、振り返りの時間を持つことで子どもは成長していくんですよ**。また、怒らずしつもんすることで子どもとコミュニケーションが取れることもメリットのひとつです。**『自分の考えを怒らず聞いてくれる』と感じれば子どもは自分の考えを話してくれるようになります**」

その2

「わからない」も正解

カナエはまだ『しつもんメソッド』をやっていける自信がないようだった。

「きっと、子どもが答えてくれないときもありますよね。しつもんを無視されたりとか、『わかんない』って言われたりとか。うちの子、都合が悪くなるとすぐそうなんです」

カナエの指摘にコーチはにっこりと答える。

「子どもって『わかんない』って言うときもありますよね。本当に考えてわからないならともかく、考えるのがめんどうだからそう言う場合もあります。後者の場合は『ちゃんと考えなさい！』なんて言いたくなってしまいますよね」

カナエの言い分にコーチは全面的に同意した。しかし、それでもコーチは自分の方針を譲らなかった。

「実はそれがルールの2つ目なんです。**『わからない』という答えも決して否定してはいけません**。考えるのがめんどうな場合の『わからない』からも、いろいろわかるんです」

今まで怒りの対象でしかなかった「わからない」という言葉。それが重要な意味を持っていたと聞いて、カナエは不安になった。

「えっ、意味があるんですか？　単なるやる気不足だと思って、怒ってしまってました」

今までの自分を省みるカナエをコーチが優しく諭す。

「子どもが『わからない』と答えるのには理由があります。答えに自信がないから答えられなかったり、興味が持てなかったり。もし、しつもんに前向きに答えないのであれば、それはなぜかを聞いてみてください。思いもよらない理由が返ってきたりしますよ」

今までの子育てとの違いにとまどうカナエ。

「でも、子どものことを知ろうと思っているのにわからないって言われると……」

正直な感想に、コーチは思わず頬を緩めた。

「その気持ちはわかります。そんなときは、しつもんをする目的を思い出してください。**子どもの成長を促すためであって、親が答えを知るためではありません。腹が立つのは子どものためでなく自分のためにしつもんしているから**。少しでも子どもが自分で考えるきっかけになったり、子どものことを知るきっかけになればよしとするようにしましょう」

子どもがやる気を出さないことは心配だが、怒ってしまっては逆効果だ。そのことをコーチに繰り返し指摘され、カナエは『しつもんメソッド』の教育法のコンセプトを徐々につかめてきたようだ。

その3

答えを強制しない

コーチは二人が『しつもんメソッド』のコンセプトをつかんできたことを見て取れたようで言葉を続ける。

「なんとなく『しつもんメソッド』が子どもの気持ちを尊重する教育法だということがおわかりいただけたでしょうか?」

コーチの問いかけにカナエが即座に答える。

「はい。とにかくしつもんをして、優しく子どもの答えを聞いてあげる感じですよね。怒らないって、甘やかすことだと思っていたけど、子どもの自主性を伸ばすことになるっていうのが新鮮でした」

リョウコの付き合いで話を聞いていたカナエもコーチの話に興味を持ったようだった。

「そうです。**子どもの警戒心を解いて、本音を引き出すことが自主性を育むことにつながるんです**」

しっかりと理解してくれたことにコーチは喜びを感じていた。そしてレッスンの集大成と言わんばかりに、最後のルールを話し始めた。

「子どもの成長には一定のストレスは不可欠。でも**一番大切なことは、子どもの答えを強制しないこと**です。『いつ宿題やるつもり?』というしつもんは、上手に聞かないと『なんで宿題やらないの?』という意味に子どもたちは受け取ります」

そのことを危惧していたのか、リョウコは大きくうなずいた。

「うかつに聞いたら、絶対そう取られてしまいますよね。逆に嫌味っぽいというか……」

例えば今日、急にタクヤにそのしつもんをしたら大喧嘩になるだろうと思った。

「今まで『勉強しなさい』と怒っていた人がそのしつもんをしたら、確かに強制されている気がして嫌がるでしょうね。**しつもんは関係性をつくるのが大切**なんです。まずは宿題以外のしつもんをして、『お母さんは何でも聞いてくれる』『自分のことを尊重してくれる』と感じてもらえるようになりましょう」

千里の道も一歩から。サッカーのことを聞こうか、夕食のときのテレビの話を聞こうか、どんなしつもんをするかリョウコはワクワクしていた。

「興味を持って聞き、相づちを打って話しやすくするのも大切です。表情や声色からも子どもは真剣に聞いてくれているか察しますから。**相手の話を最後まで聞くことも大切です。遮ったり結論を先に言ってしまっては子どもの本音を聞けません**」

「『しつもんメソッド』で子どもは変わる」

その1

目標設定ができるようになる

コーチから『しつもんメソッド』のやり方を聞いてから1カ月の間、**リョウコはタクヤに勉強以外のしつもんを重ねていった。**サッカーを見ているときに「今のプレーはどこがすごいの？」とか、ご飯を食べているときに「今日のご飯の中で一番好きだったおかずはどれ？」とか、とにかくタクヤに聞いた。

「わかんない」と言われたり、好きだったおかずを聞いて「魚はまずかったけど、煮物はおいしかった」なんて余計な一言がついてきたりしたが、とにかく**タクヤの本音を聞くことを意識した。するとタクヤはだんだんたくさん話してくれるようになった気がする。**

そしていよいよ、「宿題をやらない問題」と向かい合うときが来た。例のごとく夕方になってもタクヤは書き取りの宿題をせずにゲームをしていた。

「このあとはどんな予定？」

なるべく強制する雰囲気を出さないように、リョウコはさりげなく聞いた。それが功を奏したのか、タクヤは反発することなく答える。

「そうだ。今日、宿題多いんだよな。この戦いが終わってからやる！」

そしてゲームの中の戦いが終わり、タクヤはそそくさと自分の机に向かっていった。あっさりとミッションが達成され、リョウコは肩透かしをくらった気分だった。今までタクヤを怒っていた労力は何だったのだろうと思った。

この成功体験からさらに1カ月、リョウコはどんどんとタクヤにしつもんするようになっていった。特に効果があったのはコーチから薦められた、**「1カ月後どんな自分になっていたら最高？」というしつもん**。「ずっとゲームしてたい」なんて答えが返ってくるのかと思っていたが、「うまいパスがバンバン出せるようになったら最高にうれしい」と、思いのほか真面目な答えが返ってきた。そこからは「そのためにはどうしたらいいかな？」や「パスを出せたらチームメイトが喜ぶかな？」などいろんなしつもんをすることができた。話が盛り上がり、イメージがついたからか、タクヤは自分でサッカー教本を探してきて熟読するようになった。本を自分から進んで読むなんて、今までは考えられないことだった。

自分からやる気を出し、本まで探してきたタクヤを見て、リョウコは「こんなにしっかりしてたんだ」とびっくりしつつ、やる気を少しでも引き出せたことをうれしく感じた。

その2

自分の興味を自覚し、積極性が増す

タクヤを観察していると、**しつもんをして「好き」とか「やってみたい」と答えたものは興味が長く続いていた**。以前サッカーでパスの練習を始めたのも、「サッカーでうまいパスがバンバン出せるようになったら最高にうれしい」と口にしたことがきっかけだった。

「学校の科目の中でどれが一番好き？」と聞いたときもそうだ。タクヤはどれも好きじゃないけどと前置きをしたうえで、「社会はいろんな国の写真が載ってて少し楽しい」と答えてくれた。授業中に資料集を眺めたりするのが楽しいようだ。

そのことを話してくれてからは、テレビを見たあとに「この話、学校で習った」など自分の知識を披露するようになった。

タクヤが楽しそうにしているのを見ると、リョウコは心が安らいだ。無邪気に遊んでいた小さい頃とは違い、小学5年生にもなると少し生意気になり反抗的にもなってくる。親の注意は全く聞かず心配だったが、楽しそうに何かに取り組んでいるときは教育として間違っていないような確信が持てたのだ。

「うちの子なんて、算数が好きみたいなのよ。わたしが数字が苦手だから、うちの子もそうだと思い込んでたのに違ったのね」

カナエも『しつもんメソッド』を続けて、思いもよらない発見があったようだ。**思い込みのフィルターがかかっていたと気付いたらしい。**しつもんをすることで自分も変わったという。

親が思い込んでしまうと、子どもも「きっと自分はそうなんだ」と影響することがあるかもしれない。しかし、思い込みを取り払って子どもに聞いてみることによって、意外な個性を見つけることができる。**「自分ってこれが好きなんだ」と気が付けば、子どもも自然とやる気が溢れてくる**ようだ。

リョウコはしつもんを重ねて、タクヤの興味をもっとたくさん引き出してあげたいと思うようになった。

興味があることは自主的に動く

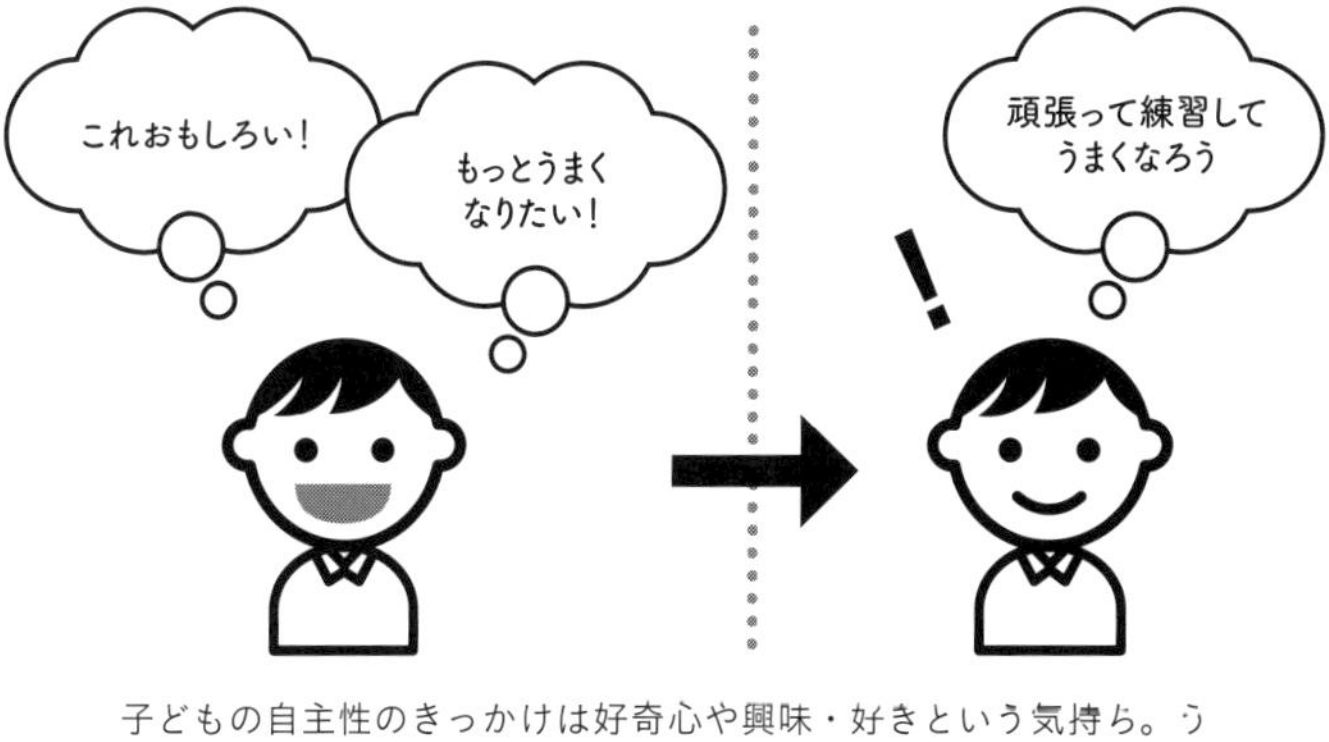
これおもしろい！
もっとうまくなりたい！
頑張って練習してうまくなろう
！

子どもの自主性のきっかけは好奇心や興味・好きという気持ち。うまくなりたいという気持ちで、自分で考えて努力するようになります。

その3

自然と振り返るようになる

コーチに教えてもらったしつもんで、もうひとつ重宝しているものがある。それは**「どうしたらよかったと思う?」というしつもん**。

例えば、ゲームを終わらせて宿題をやると言ったのに、予定どおり終わらなかったときがあった。そこで「なんで宿題をやらなかったの?」と聞くのはNGだそうだ。そう聞くと子どもは、「ボスが強かったから」とか「もうちょっと時間があるかと思って」と言い訳をしてしまうのだという。そんなときに使えるのが、このしつもんで、コーチが選手たちによくするそうだ。

実際にタクヤに使ってみると、「宿題を先に始めればよかった」という答えが返ってきた。すると次からはゲームの強い敵が出てくる前に「宿題やらなきゃ」と言い出すようになった。

タクヤから聞いたのだが、コーチはだれかが失敗してしまったときは練習を止めて選手に考える機会をつくる。「どうすればよかったと思う?」と聞くだけで、どのようなプレーをすべきだったかはコーチは言わないのだという。名指導者は的確な指示を出すものだと思っていた。しかし、指示を出さないコーチが来てからタクヤのチームはとても強くなった。それは**選手が自分で考えて、自主的に動くようになったからのようだ。**

「試合後に子どもたちだけで振り返りをするようになったわね」

サッカーに詳しいケイト君のお母さんが試合のときに言っていた。コーチからの指示ではなく、子どもたちが自発的に振り返りを始めたのだという。コーチからのアドバイスで相手の意見を否定しないというルールの下に子どもたちが熱く意見を交わしているのだ。これはコーチの指導の賜物ではあるが、**『しつもんメソッド』を続けることで、自然と振り返る習慣が身についたようだ。**

その輪の中で、積極的に意見を言うタクヤを見て、リョウコは目頭が熱くなった。そして家庭の中でもタクヤの良い部分を引き出してあげたいと思うのだった。

うまくいかなかった原因を考える

どうしてだろう?
どうしたら
よかった?
準備しておこう!

子ども自身が思いどおりにいかない結果の原因を追究して、それを解決するための方法を考えるようにしつもんをしましょう。

COLUMN

01

子育ての最注目キーワードは「自発性」

モンテッソーリ教育としつもんの共通点

モンテッソーリ教育は、**マリア・モンテッソーリ**によって開発された教育法で、世界中で実践されています。以前、ドイツ・ミュンヘンにあるモンテッソーリ・ヨーロッパのモデル校を訪れた際に、しつもんといくつかの共通点があることに気づきました。

モンテッソーリ教育では〝**子どもの家**〟と呼ばれる整えられた環境や、特徴的な教具にばかり意識が向きがちですが、ベースとなる考え方が次のようにしっかりあるからこそ、力を発揮しているのです。

「子どもは生まれながらにして、自分自身を成長させ、発達させる力を持っている。したがって保護者や教師などの大人は、子どもが自ら

POINT

子どもには自分で成長する能力があるので、親や周りの大人はその成長を妨げないよう注意し、「自分で考える力」を伸ばすように接するのが大事です。

成長したいという要求をくみ取らなければならない。子どもの自由を保証し、自発的な活動を助ける役割を果たすべきだ」

この考え方にもとづいて、責任感と思いやりを持った自立的な人間、一生を通じて学び続ける姿勢を持った人間を育てることが、モンテッソーリ教育の目的なのです。

なぜ、わたしたちが教えることを減らし、しつもんをするのかといえば、自分で考え行動することのできる「思考力」を育て、ひとりでも多くの子どもたちがその子らしく輝く未来をつくることをビジョンとしているからです。

自らの考えや感情を自分の言葉で表現し、**思考力を育てる**ことはプロのスポーツ選手になるために必要なことのひとつであり、スポーツ以外の場面でも大人になったときに欠かせない要素です。

▶KEY WORD ①
マリア・モンテッソーリ

ローマ大学最初の女性医学博士。障害児の治療教育、実験心理学、教育学の知見を深め、1907年より保育施設「子どもの家」で自身の教育法を実践。

▶KEY WORD ②
子どもの家

元はマリア・モンテッソーリが管理を任されたローマの貧困層向けアパートの保育施設。現在はモンテッソーリ教育を実践する幼児教育施設を指す。

サッカーやバスケットボールに限らず、どのスポーツも日々進化しています。細かなルール変更があったり、システムも時代によって変わったりするので、フィジカル面を鍛えて同じプレーをしているだけでは時代の変化に対応することはできません。

短期的な成功を求めるのではなく、子どもの成長を信じ、サポートすることが求められているのです。

結論

子どもは自分で成長することができる。大人はそのサポートをしよう。

▶KEY WORD ③
思考力を育てる

思考力は「自分で考える習慣」が身につかなければ育ちません。大人が正解を教えると、「考えるより正解を求める」志向になってしまうので注意！

第2章

学校の成績を上げる即効テクニック

ある日曜日
よしよし…
『しつもんメソッド』の効果てきめん！
ピンポーン
あっ
バタ
バタ
はーい!!
もうこんな時間…
お義母さんいらっしゃい…
ガチャ
おじゃまするわね
ケーキ買ってきたわ

すごく おいしそう〜♪
ありがとう
最近タクちゃんはどうなの？
そろそろ中学受験もあったり大変でしょ？
う〜〜ん…
国語 32
最近は宿題もやってるんですがどうにも成績が…
そうなの？でも成績悪いって言ってもそこまで…
実は…
ゴニョ ゴニョ
ええ〜!!
それは心配だわ〜
次のテストで良い点数取れなかったらサッカーやめさせたら？
言い返す言葉がない
う〜ん

その週のサッカー教室終わり
…っていうことがあったんですよ
やめちゃうんですか!?
あんなに頑張っているのに…？
いや…あの
わたしも辞めさせたくはないんですが
お義母さんの言うこともごもっともだし…
そうだな…
まずはご褒美で釣ってみては？
急に成績を上げる方法はないんですか？
私も知りたい
ポン
ご褒美!?

『自発的じゃないとあかんメソッド』は!?
グワッ
もはや『しつもん』でもないし
もちろん理想は自発的にやることです
勝手に名前を変えないでください
でもご褒美でやる気が出ればそこから『しつもん メソッド』が使えるんです
まずはですね
ゴニョ
ゴニョ
翌日ー
タクヤ!

なんだよ うるさいな〜
なんと!!
今度のテストまで しっかり勉強したら 新しいゲーム買ってあげる
うそ！ まじ!? やるやる 絶対取る！
まずは目標への モチベーションが 高まったことを 確認しましょう
そして ①現状について 質問します
どの教科で つまづきそう？
？
ん〜〜…
算数と 国語かな〜

続いて
②解決策について
質問します
やっぱりね
じゃあ…
どうしたら
うまくいくかな？
そういえば
教科書から問題が出るって
言ってたような…
算数はいい時と
悪い時があるよね？
分数の計算は得意！
こないだ満点だった
あとはしつもんで何を
すればいいか子どもが
気づくように導きます
お試しあれっー！

一番最初はおこづかいで釣ってもＯＫ

タクヤのサッカーをやめさせないためとはいえ、ご褒美で釣るなんて教育上悪くはないのだろうか？　ぽんぽんご褒美をあげていたら、ご褒美がないとやる気を出さない子どもになってしまわないか、リョウコは心配になった。毎回ご褒美をあげられるほど、うちは金銭的にも恵まれてはいない。

「そんな物で釣るようなことしたら、ダメな子に育ちませんか？　ご褒美をもらわないと頑張りません、みたいな」

同じような考えを持っていたのかカナエが先生に切り込んだ。子どもと家計が心配なのは、どの主婦も同じなのだ。

「**ご褒美のあげ方に気をつければ、物で釣っても成績は上がります**。例えば、テストで全教科90点以上だったらゲームを買ってあげるとかそんなご褒美は好ましくありません。**頑張った姿勢や勉強した時間に対してご褒美をあげるといいのです**」

よく聞くようなご褒美のあげ方がＮＧと聞いてリョウコとカナエは驚いた。

「良い点を取ったらあげるほうがやる気も出ると思うんですけど。達成できなかったら出費も抑えられるし」

リョウコは本音を漏らした。出費を抑えたいのも事実だし、タクヤのやる気が出そうなのも事実だったからだ。

「ハーバード大学の研究なのですが、良い成績を取ったことに対してご褒美をあげてもその後の成績の上昇を見込めなかったようです。しかし、**出た結果ではなく途中の気持ちや過程の努力などを褒めてご褒美をあげると、成績のアップにつながったんです**」

コーチが成績を条件にするのではなく、「しっかり勉強したらゲームを買ってあげる」が効くという理由がここにあった。

やる気を引き出すのはもちろん、結果ではなく努力を経験させることで、**子どもに望むもの**

ご褒美でやる気スイッチをON!

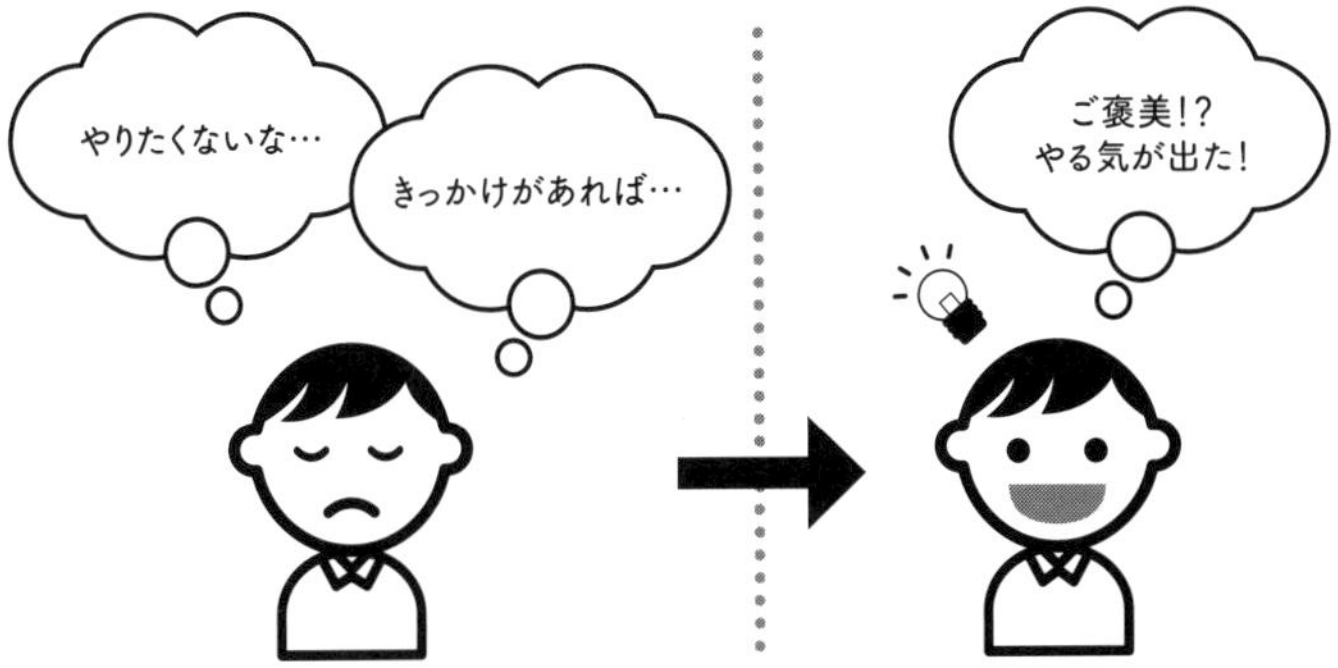

「やらなくては」とは思ってはいてもやりたくない気持ちがあるのは大人と同じ。きっかけや目標としてのご褒美なら前向きに作用します。

を手に入れるには努力が必要だと気づかせることが目的だったのだ。

「そもそも、頑張ったらご褒美をあげることはアメリカでは一般的なんですよ。架空のお金をつくり上げて、良いことをしたらあげる教育法を採用している学校もあるぐらいです」

いかにもアメリカらしい教育法だが、それでもリョウコは腑に落ちなかった。

「でも、アメリカで流行っているからって、良い教育法だとは限らないですよね。日本の文化に合っていなかったりしないんですか？」

二宮金次郎ではないが、どんな環境でもひたむきに学ぶのが日本の美徳とされる傾向がある。アメリカの方法を学ぶことでその姿勢が失われないかリョウコは心配になった。

「頑張って勉強したご褒美としてもらったお金を使うときは、ただ普通にお金をもらうより大切に使うそうです。それで金銭感覚が身についたり、物の値段に興味を持つといった副次的な効果も期待できます。ただ、ご褒美を与え続けてエスカレートしたり、間違えた与え方をしないように注意しましょう」

ご褒美を与えることが子どものやる気に影響を与えることも、コーチは丁寧に説明した。論理的に説明されると、ご褒美を与えても問題がないような気がしてくる。

「それに、子どもがやる気を見せてからが『しつもんメソッド』の出番です。『勉強でどこが難しい？』『どうすればわかるようになるかな？』など、**しつもんしていけば自ずと勉強の仕方が身につくようになります**。教科書を読み込んだり、わかりにくいところを調べる姿勢は今後の勉強にも絶対にプラスになります」

確かにやる気を出してくれなければ、せっかくの『しつもんメソッド』も役に立たない。リョウコは最近のタクヤの成長を見て、『しつもんメソッド』を勉強に取り入れたらどんな成果が出るんだろうと期待に胸を躍らせた。

「テストで結果を出す『しつもんメソッド』をやってみたいです。詳しく教えてください」

リョウコが真剣に取り組んでいることがうれしく、タクヤにもサッカーを続けてほしいため、コーチは快くその申し出を承諾した。

好きなことにご褒美は間違い!?

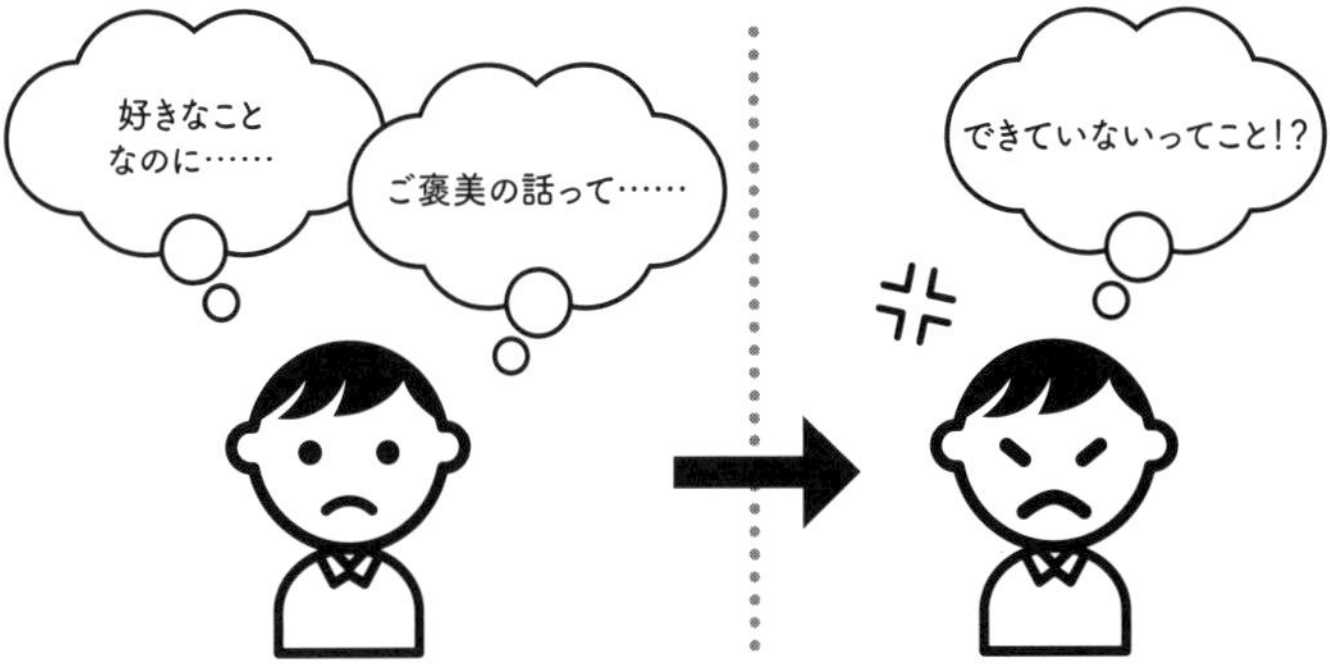

好きなことに対してご褒美を提示されると、「もっと結果を出せということ？」と子どもは思って、結果やる気がなくなってしまいます。

「目標達成までの道のりをイメージしよう」

コーチにアドバイスを受けたリョウコは、さっそくご褒美作戦に打って出る。

「タクヤ、今度のテスト頑張ったら、ほしいって言ってたゲームを買ってあげる」

お菓子を食べながらぼーっとテレビを見ていたタクヤは、母の申し出に面食らっていた。しかし、その大きい報酬を聞いて興奮していた。

「えっ、本当に？　やった！　頑張る。　でも、何点取ればいいの？　全部100点とか絶対無理だからね」

母が無理を言わないか警戒してタクヤは予防線を張った。以前、口うるさく勉強させていた影響が出ているようでリョウコは反省した。

「良い点を取れるように、タクヤができる限り頑張ったら買ってあげる。いい点を取るためには一体どうすればいいと思う？」

コーチに言われたアドバイスどおりのしつもんをすることができて、リョウコは安心した。点を取るためにどうすればいいか？　それがテストで成果を出すポイントだという。タクヤは今までのテストを振り返って、精いっぱい答えを絞り出した。

「今までよりもたくさん勉強しなきゃ。でも今回は苦手な分野が多いからな」

学校で先生が言っていた今回のテスト範囲を思い出してタクヤがつぶやいた。それでも、いつも勉強していなかった分、やればできるという自信も少しはあるようだ。目標と乗り越えるべき壁がある程度明らかになったところで、リョウコは次の作戦に出る。

「テストで苦手そうなところとか、勉強するのに障害になりそうなことをこのシートに書いてみてよ」

そう言うと、リョウコは「壁を越えよう」のしつもんワークシート（24ページ）をタクヤに渡した。タクヤは「何これ？」と不思議がりながらもシートを真剣に見ていた。

「乗り越えないといけないハードルを、敵に見立てるの。書き写した問題をひとつずつクリアしていくと、テストで良い点を取れると思わない？」

ゲームが好きなタクヤだからか、敵を倒していくという趣向に興味を持ったようだ。「国語の文章問題が苦手」「漢字の書き問題が苦手」など、テストで苦手な部分を書き写していく。今まではテスト範囲すら把握していなかったようで、テスト範囲が書かれたプリントを見ながらリョウコはタクヤの弱点を洗い出していった。子どもが苦手に思っている場所はリョウコにとって新鮮だった。苦手分野からタクヤが日常の授業で悪戦苦闘している様子が想像できて、リョウコはくすっと笑った。

「乗り越えるべき壁が洗い出せたら、どうしたらそれをクリアできるかを聞いてみてください。『こうしたらいいんじゃない?』と言いたくなると思いますが、それはやめておいたほうがいいでしょう。子どもが自分で解決策を考える機会を奪うことになります」

リョウコはコーチの言葉を思い返した。タクヤがぬり壁シートを書ききったのを見て、リョウコはアドバイスをしたい気持ちに駆られたのだった。「これはドリルをやったらいいと思うよ」とか「試験範囲の文章を読んでおくと解きやすくなるよ」と伝えれば、タクヤはテストでいい点が取れるだろう。しかし、せっかく安くはないお金を出費するのだからその場しのぎではなく、今後のためになる学習をしてほしいという気持ちでいっぱいだった。

「この壁を乗り越えるために、どう勉強したらいいと思う?」

難しいしつもんだったからか、タクヤは黙ってしまった。しかし、今のリョウコは沈黙に動じることはなかった。しつもんをして沈黙が続いても、安易に助け舟を出してはいけないことをコーチから聞いていたからだ。

「しつもんをしたときに沈黙が続くことはよくありますが、この沈黙こそ成長のきっかけになるんです。ある研究では答える時間を長く与えるほど、子どもはより良い回答を導き出せるようになったといいます。**大人が子どもの考える時間を奪ってしまうのは良くないことだと思います**」

少し沈黙したのち、タクヤは言った。

「国語と理科は、教科書をしっかり読み返せばなんとかなるかな……。算数は勉強が得意なケンタ君に教えてもらおう」

タクヤが一生懸命考えて出した勉強プランを、リョウコは肯定する。

「うん、いいと思うよ。よく考えたね」

褒められたタクヤはうれしそうに

「じゃあ、早速教科書読んでくるね」

と自分の部屋へ向かった。自分で考えた解決法だから、もしうまくいかなくても、褒めてあげたいとリョウコは思った。

アドバイスは考える機会を奪う!?

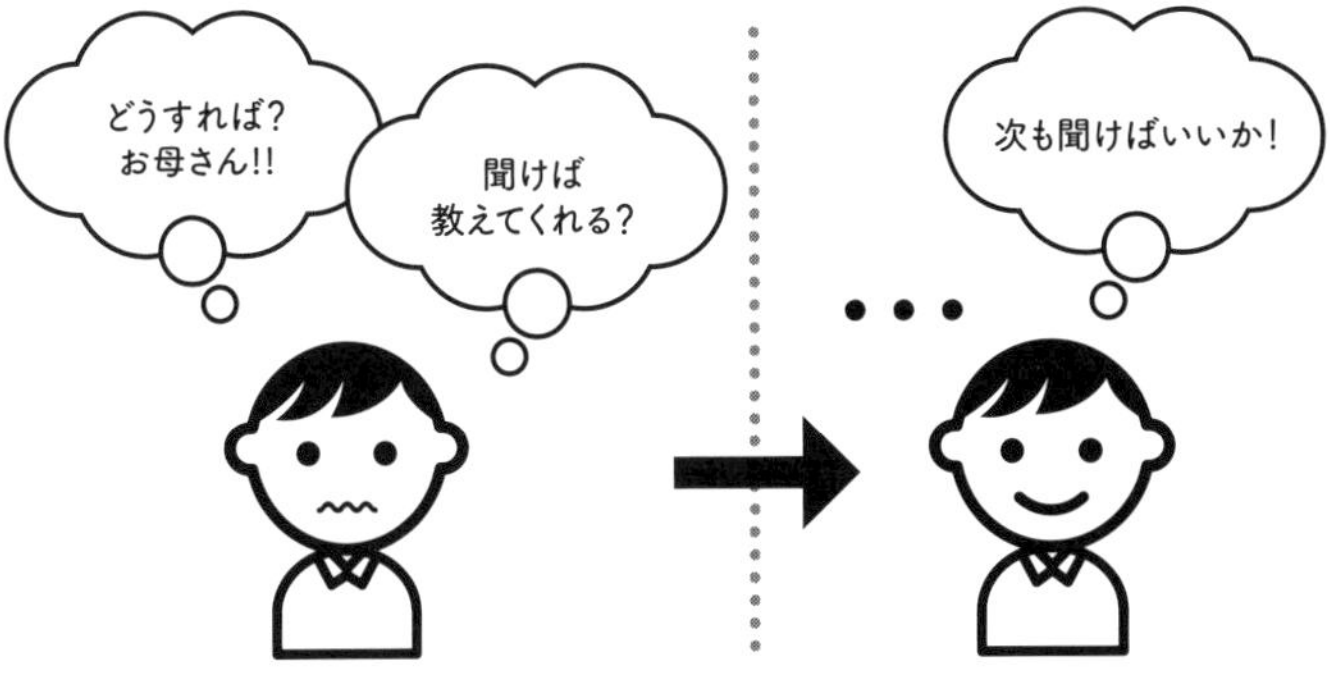

問題解決のやり方をアドバイスするのはNG。壁に当たったときに答えを見つけ出す能力を鍛えるために、子どもなりのやり方を聞きましょう。

［興味が湧くしつもんをしてみよう］

テスト1週間前、タクヤは目標を立てて、少しずつテスト勉強に取り組むようになっていった。お義母さんから「テストで良い点が取れなければ、サッカーやめさせたら？」という提案があったときは、確かにやめさせるのもありかと思った。

しかし、大好きなサッカーを続けさせたい気持ちがある。この調子で続けてくれれば、何の心配もなくサッカーを続けさせてあげられるとリョウコは安心した。

「ちょっと休憩！」

部屋の掃除をしていたリョウコに言い訳をするように、タクヤが部屋から飛び出してきた。まだ勉強を始めてから30分も経っていない。一体どうしたのかと思い、リョウコはタクヤにたずねる。

「おつかれタクヤ。勉強ははかどった？」

なるべく怒らないようにする習慣がリョウコにはついていた。**「もっと勉強してほしい」という気持ちを少し脇に置いて、タクヤの本音を引き出すように**リョウコは聞いた。

「全然はかどらない！　勉強おもしろくないんだもん……。ゲームがほしいから、もうちょっと頑張るけどさ」

勉強する習慣のない子どもが、急に勉強しようと思っても集中力が続かないものだ。しかし、ゲームのためとはいえ慣れないことを頑張っているタクヤをリョウコは応援したくなった。タクヤのメンタルコーチになるべく、リョウコはヒアリングを続けた。

「頑張ってるんだね！　今どの科目やっているの？」

溜まったストレスを吐き出すようにタクヤは答える。

「理科！　『流れる水の働き』っていう項目なんだけど、全然わからないし、おもしろくないんだよね」

小学校でそんな項目あったか思い出しながらリョウコはタクヤに教科書を持ってきてもらった。川の流れによって砂が運ばれ地形ができるなどの内容で、「運ぱん」や「たい積」などの単語にはなんとなく聞き覚えがあった。写真がたくさんちりばめられていたが、難しい言葉が多くタクヤがつまらないというのもわからなくはなかった。

「**子どもが勉強につまずいていたら、興味が湧くようなしつもんをしてあげてください**」

以前テストの相談をしたときに聞いたコーチの言葉だ。**「考える機会をつくる」というやり方は、勉強をする際にも応用できるらしい**。

「へ～、川の話なんだ？　上流は石が大きくて、下流は石が小さいんだ？　じゃあさ、多摩川の石はどっちのタイプかな？」

とりあえず、時々遊びに行く川について、タクヤに聞いてみる。

「え～どっちだっけ？　大きい石もあったけど小さいのが多いから下流かな？」

懸命にタクヤは考えて答えた。しかし、**コーチは「少し意地悪して、より深く考えるきっかけもつくってみてください」と言っていた**ので、少し意地悪してみた。

「大きい石もあったの？　それじゃ上流かもしれないね……」

タクヤは困った顔をするが、『しつもんメソッド』は待つ姿勢が大切だということをリョウコはすでに知っていた。教えてほしそうな顔をするタクヤをよそ目にしばらく沈黙したあと、タクヤにアドバイスを与える。

「う～ん、お母さんもわからないな。教科書に載ってないかな？」

するとタクヤはそそくさと教科書を見た。そして上流の写真を見てびっくりしたように言った。

「上流の石ってこんなに大きいんだ!?　このサイズはなかったから、多摩川は下流かな」

自分で答えを見つけたタクヤはうれしそうに言った。

「ほんとだ！　タクヤ、よく答え見つけたね」

褒められたタクヤは、照れながらもうれしそうだった。その後も川の写真を見ながら「そうなんだ」と何度もつぶやいていた。

「このサイズの石が転がって下流まで来るのかな？　こんな大きな石、流れそうにないけど」

タクヤと一緒に写真を見ていたリョウコが、ふと疑問を口にした。答えが教科書に載っているかはわからなかったし、それがテストの問題になるとは思えなかった。

しかし、「え、どうなんだろう？」と疑問を持ち、教科書を見るタクヤ。夢中になって調べている姿を見て、**ただ疑問を口にするだけでもタクヤの好奇心を引き出せる**ことにリョウコは気が付いたのだった。

大人も疑問を口にしていい

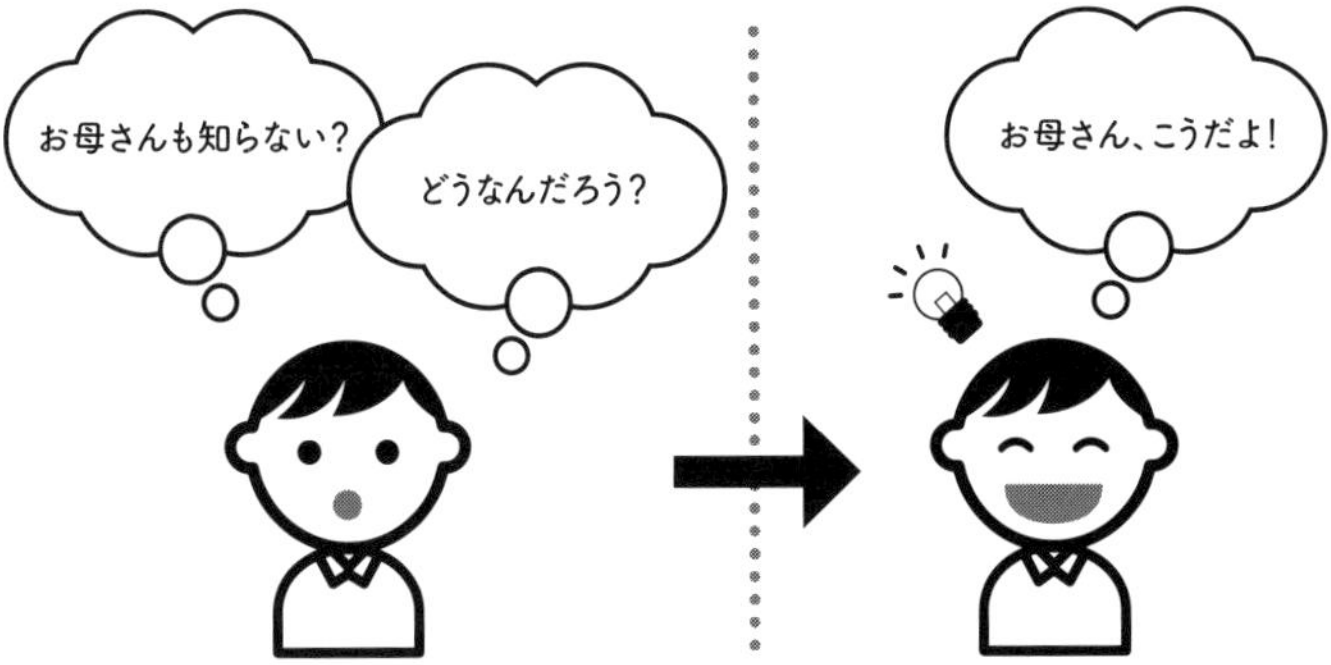

大人が完ぺきである必要はなく、子どもに疑問として投げかけて構いません。興味を持って調べて答えを見つけたときは褒めてあげましょう。

「自信のなさをサポートしよう」

テストまであと3日。時にはリョウコとしつもんのやりとりをしながら、タクヤは勉強を重ねてきた。リョウコから見ても成長は著しく、満点とはいかなくても高得点が期待できそうだった。

「このままいったら良い点取れちゃうね。どうしよっか？」

うれしそうにタクヤに話しかけると、タクヤは神妙な顔をした。

「そんなの絶対無理だよ。今まで良い点が取れたことないし、今回も絶対に無理」

少し不機嫌になり、その日はあまりはかどらないまま勉強を終えてしまった。

「そんなことがあったのよ」

サッカーの試合の日、うんざりするようにリョウコはカナエに話した。同じく『しつもんメソッド』を続けているカナエは、勉強を真面目にやっているタクヤを褒めながらも、タクヤの心理状態が気になるようだった。

「どうしたのかしら。良い点が取れそうなら、何の心配もないでしょうに」

「それはきっと、人と比べられることが嫌なんだと思います」

当たり前のように会話に加わり、コーチが言った。近づいてきたことにも気づかなかった二人は鳥肌が立つほど驚いた。

「コーチ!?　いきなりびっくりしましたよ。でもちょうどよかった。タクヤがよくわからないところですねちゃったんです」

渡りに船とばかりにリョウコはコーチにたずねる。

「**テストの点で人と比べられることが嫌だったから**でしょう。今までテストの結果について、タクヤ君に**ネガティブなことを言ったことがあるんじゃないんですか?**」

心当たりがありすぎて、リョウコはギクッとした。まあまあ良い点を取っても、「ここができなかったね」とわざわざ指摘してしまったことさえある。

「でも、テストってそういうもんじゃないんですか?　どこができていてどこができていないかはっきりさせる。だからできなかったところに注目するのは当たり前ですよね」

リョウコをかばうようにカナエが言ってくれた。

「もちろん、できなかったところを改善するためにも、間違えを指摘することは大切です。しかし、**人間はできなかったところにばかり目がいってしまうもの。必要以上にできなかっ**

た部分に目がいってしまっていないでしょうか」

確かにリョウコには、勉強でタクヤを褒めた記憶がしばらくなかった。小学校低学年の頃は褒めていた気がするのに、大きくなってからは注意してばかりだった。

「だいたい小学生はテストの点数で他人と比べられるようになってくる、3年生あたりから勉強嫌いになっていきます。**いままではできたことを褒めてもらえたのに、急にできなかったところを言われるようになったらやる気がなくなってしまいますよね**」

得点をつけられることへの過剰な反応は、他人と比較されたくないという思いの表れだったのだろうか。リョウコは急に悪いことをしたような気持ちになった。

「せっかく勉強にやる気を出してくれたのに、点数の話をしたのは悪かったですよね。最近は勉強の内容にも興味を持って、やる気に満ち溢れていたのに」

「過ぎたことは仕方がありません。それに、ここまでやる気を引き出せたことはすごいことじゃないですか！　テストの点数に敏感に反応してしまうのは今まで良い点を取ったことがないから。自分で考えて行動を起こして良い成果が出れば、良い点数を取ることにもやる気を見せるようになりますよ」

コーチの優しい言葉に励まされ、リョウコは自然と笑顔になった。

「それにこんなときこそ、『しつもんメソッド』の本領発揮です。**プレッシャーを感じている子どものメンタルコーチになりましょう。大切なのは子どもが求めている応援の仕方を理解することです**」

「応援の仕方」という言葉の意味がわからず、二人は首をかしげる。

「例えば、サッカーの試合でも声援が力になる子や、会場に来て見守ってくれるだけでいい子もいて、力になるサポートの形は人それぞれ違います。タクヤ君はきっと『良い点取れるよ』と言われるよりも、努力を見守ってもらうほうがうれしいんだと思います」

リョウコは学生時代、テスト期間中に両親が「きっと良い点取れるから頑張って」といってくれたのを思い出した。当時はそれをうれしく感じたものだった。タクヤに声かけをしたのも、その経験が無意識に反映されているのかもしれない。

「自分がうれしいからって、相手もうれしいとは限らないんですね」

リョウコは自分の応援の仕方がタクヤに合わなかったことに気が付いた。

「よかれと思ってしたことがマイナスに作用してしまうことだってあるんです。そんな**すれ違いをなくすためにはしつもんして思い込みを取り除くことです**。そうすれば、きっと成果が出ると思いますよ」

「リビングで勉強しよう」

リョウコにはもうひとつ、コーチに聞いてみたいことがあった。タクヤがリビングで勉強をしたがるのだ。「本人がやりたいのであれば」と思いOKを出していたが、テレビやゲームなどの誘惑があるので、勉強には向かないのではないかとリョウコは思っていた。

「コーチ、最近うちの子がリビングで勉強したがるんですが、教育的にどうなんでしょう？ 机で勉強するように提案したほうがいいんでしょうか？」

おそるおそるたずねると、コーチはうれしそうに言った。

「それはいい傾向です。**お母さんとのやりとりが楽しいから、リビングに出てきたのではないでしょうか？ 勉強ってひとりでコツコツやることにつらさを感じる子もいます**」

予想外に褒められて、リョウコはうれしくなった。手探りでやっていた『しつもんメソッド』の効果が出てきていることを実感できた気がした。

「リビング学習がいいってどこかで聞いたことがあるような気がします。せっかく高い勉強机を買ったのに損な気もしちゃいますけど」

と不満そうにカナエが言った。

「確かに机がもったいないような気もしますが、リビング学習は効果的です。リビング学習を取り入れた家庭の子どもが東大に行ったり、その学習法がメディアで取り上げられて一時ブームになりました」

リョウコは知らなかったが、リビングで学習するというのは、割と一般的なようだった。

「**うるさく教えすぎないとか、ネガティブなことを言わないとか、気をつける点はいくつかあります**が、基本的にはリビング学習と『しつもんメソッド』は相性が良いんです」

リョウコは、タクヤがリビングにいてくれたほうが自然にしつもんがしやすかったことを思い出した。リビング学習が間違いではないようで、胸をなでおろした。

適度な会話でリラックス!?

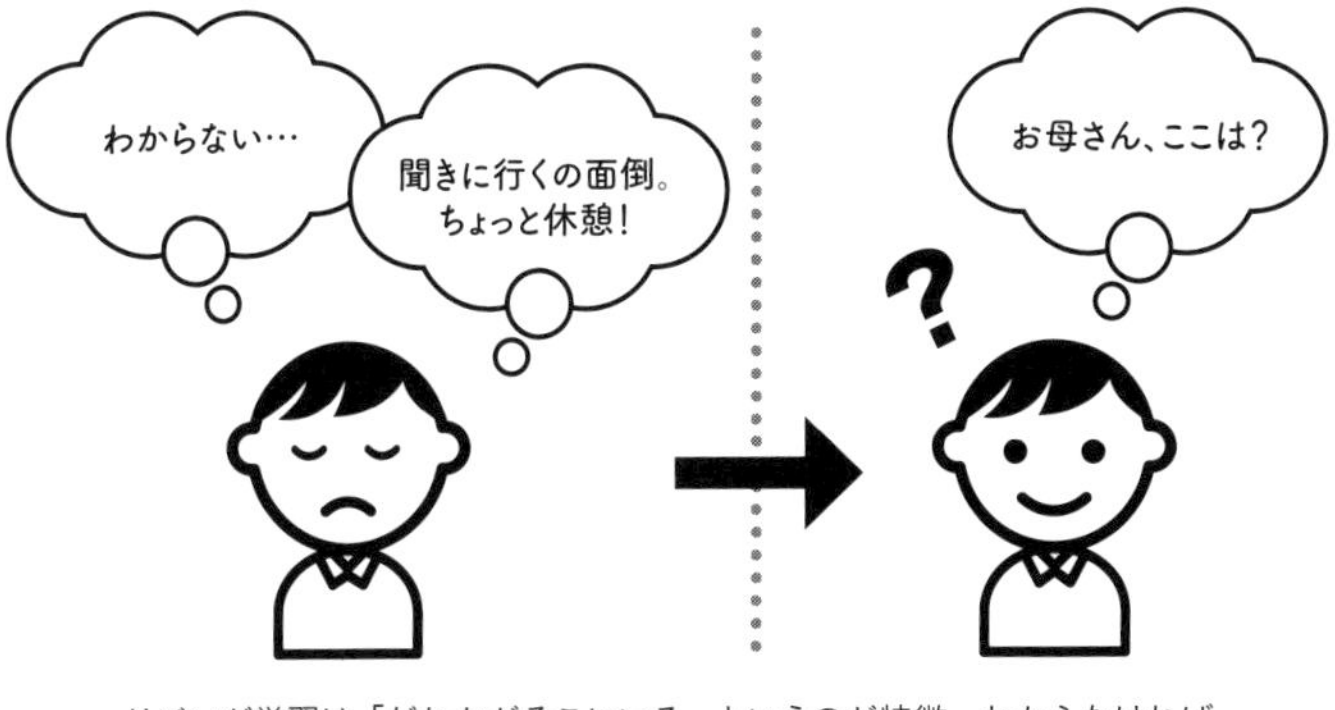

リビング学習は「だれかがそこにいる」というのが特徴。わからなければ聞けて、息抜きがしたければ話ができるという落ち着ける環境なのです。

「うちの子どもがリビングにいたら、すぐにテレビ見て勉強しなくなっちゃいそう」

勉強に意欲を見せ始めたタクヤと比べたのか、カナエが不安そうにそうつぶやいた。確かに物で釣られていなければ、タクヤだってそうはいかないだろう。テストが終わったあとの学習について、リョウコも不安になっていった。

「**子どもが集中して勉強しないときは、親が隣で座って読書をするのも効果的です。真横に座らなくてもOKですし、もちろん勉強を教えなくても大丈夫です**」

自信ありげにコーチは解決方法を伝えたが、二人はピンときていないようだった。

「勉強を見なくてもいいいんですか？　なぜそれで勉強するようになるか見当もつかないんですが？」

疑問に思ったリョウコがコーチに聞く。

「**親が集中して座っているのが大事なんです**。ジタバタ動き回るのが好きな子どもは、集中して椅子に座るのが大の苦手。勉強ができない子はなおさらです。しかし、親が集中していると『親が集中しているんだから、自分もやろう』という気持ちになるんです」

確かに親がどっしり座っているのに隣でサボったら、なんとなく負けた気持ちになって悔しがるだろう。何でも勝ち負けにするタクヤの姿を心の中でイメージし、リョウコはそう思った。

「親は座っていれば、読書じゃなくても大丈夫です。洗濯物をたたんでいても、編み物をしていてもいいです。集中して物事に取り組むお手本を見せてあげてください」

リョウコはリビングで過ごすタクヤの横で、読書をする自分を想像した。それぞれ集中した時間を過ごすのも楽しそうだと思った。図書館のような緊張感が生まれ、読書も勉強もはかどるのではないかと思った。

「リビング勉強法、おもしろそうですね。聞きたいことがあったらタクヤもすぐ聞けますし」

前向きになったリョウコを見て、コーチはうれしそうだ。

「**小学生に有効な学習法ですが、中学に入ったばかりのときに取り組むのもおすすめです。**小学生の勉強と比べて、中学校の勉強は難しくなります。そこで置いていかれないように、まとまった勉強の時間が必要になるんです。それを考えると小学生のうちから、一緒に集中した時間を過ごす習慣をつくるといいかもしれませんね」

勉強にもやる気を見せ、目標を達成するために課題を自分で探せるようになったタクヤ。しっかりと勉強する時間さえ取れれば、成績が伸びるという確信がリョウコにはあった。以前の不安な気持ちはリョウコには全くなくなっていた。

［リラックスできるしつもんをしよう］

リョウコは何の不安もなかったが、タクヤはそうではないようだった。今までテストがあるたびに嫌な気持ちになっていたが、「どうせ自分はバカだから」と思うことによって気にしないようにしていた。それが**しっかりと勉強を重ねた今、せっかく頑張ったのだから良い点を取りたいという気持ちが生まれたのだ**。頑張ったのに点が取れなかったら、正真正銘自分の頭が良くないことになる。そんな思いから**タクヤは大きなプレッシャーを感じていた**。

「タクヤ君がプレッシャーを感じているようであれば、気にかけてあげてください」

この事態を見越していたように、コーチは事前にリョウコに伝えていた。コーチにもらったアドバイスどおりにリョウコはタクヤに話しかける。

「タクヤ、明日のテストに向けて緊張してる？　リラックスしている？　どっちかな？」

自分の内面が見透かされたような恥ずかしさがありながらも、正直に打ち明けた。

「ちょっと緊張してるかも。ちょっとだけだけどね」

タクヤが自分の弱みを見せてくれたことに、リョウコはうれしくなった。

「コーチから聞いた緊張を和らげる方法があるんだけど、興味ある？」

尊敬するコーチがおすすめということもあって、「プレッシャーを味方にする」のワークシート（26ページ）にタクヤは興味津々だった。

「コーチから聞いたの？　何だろう？　すごい知りたい」

タクヤが食いついたのを見て、リョウコはワークシートを差し出した。

「何これ？　変えられるものは何ですか？　変えられないものは何ですか？　って書いてある」

コーチから聞いた話だが、リョウコはさも自分が考えたようにタクヤに話す。

「テストでもサッカーの試合でも、**過ぎたことに気を取られずやるべきことに集中するのが大切なの。試合前に『もっと練習しておけばよかった』と後悔しても意味がないわよね**」

リョウコの言うことに、タクヤはうなずいた。もし試合で「なんで練習してこなかったんだろう」と思っているチームメイトがいたら、嫌な気持ちになるだろう。

「それは確かにそうかも。で、このシートはどうやって使うの？」

タクヤはリョウコを急かした。やる気を見せるタクヤにリョウコは笑顔で答える。

「**何が変えられることで、何が変えられないことかを整理するの**。左には今の自分にできることを、右には今の時点では変えられないことを書いてみて」

タクヤは言われるままにシートに書き込んでいった。恥ずかしいのか見られるのを嫌がったので、リョウコはそのままタクヤから離れた。

その後のタクヤは、いくらか落ち着いたようだった。焦って勉強をするのをやめ、軽く教科書を見ながらリラックスして過ごそうとしていた。その姿を見てリョウコにはタクヤが頼もしく見えた。

翌朝タクヤは準備を済ませ、学校へ行こうとしていた。昨日とは打って変わってリラックスしているようだったが、リョウコはタクヤに声をかけた。

「タクヤ、テスト終わったら何がしたい？」

うーん、と少し悩んだあとにタクヤは答える。

「最近頑張って勉強したし、買ってもらうゲームでたくさん遊びたい」

子どもらしい答えに微笑ましい気持ちになるとともに、頑張って勉強したことに自信を持っていることが、リョウコにはうれしかった。

「そうだね。頑張ったからゲーム買おう。ここまで一生懸命やったのだから。力を抜いてリラックス。ベストを尽くしてね」

ゲームを買うかどうかはテストの結果が出てから決めようと思っていたが、タクヤの頑張りを見て思わず約束してしまった。**努力の成果を認められたタクヤはうれしそうに言った。**

「やったー、じゃあ頑張ってくるね」

タクヤは笑顔で出かけていった。リョウコがタクヤの部屋に戻るとタクヤの字で書かれた「壁を越えよう」「プレッシャーを味方にする」のシートが置かれていた。「算数のドリルをやる」「勉強したことをしっかり思い出す」など、書かれている内容はつたないものが多かったが、タクヤなりに精いっぱい考えていることがリョウコには理解できた。

もしテストで結果が出なくても、いっぱい褒めてあげようと、タクヤの好きなゲームとケーキを買いに出かけたのだった。

本番前に緊張する気持ち

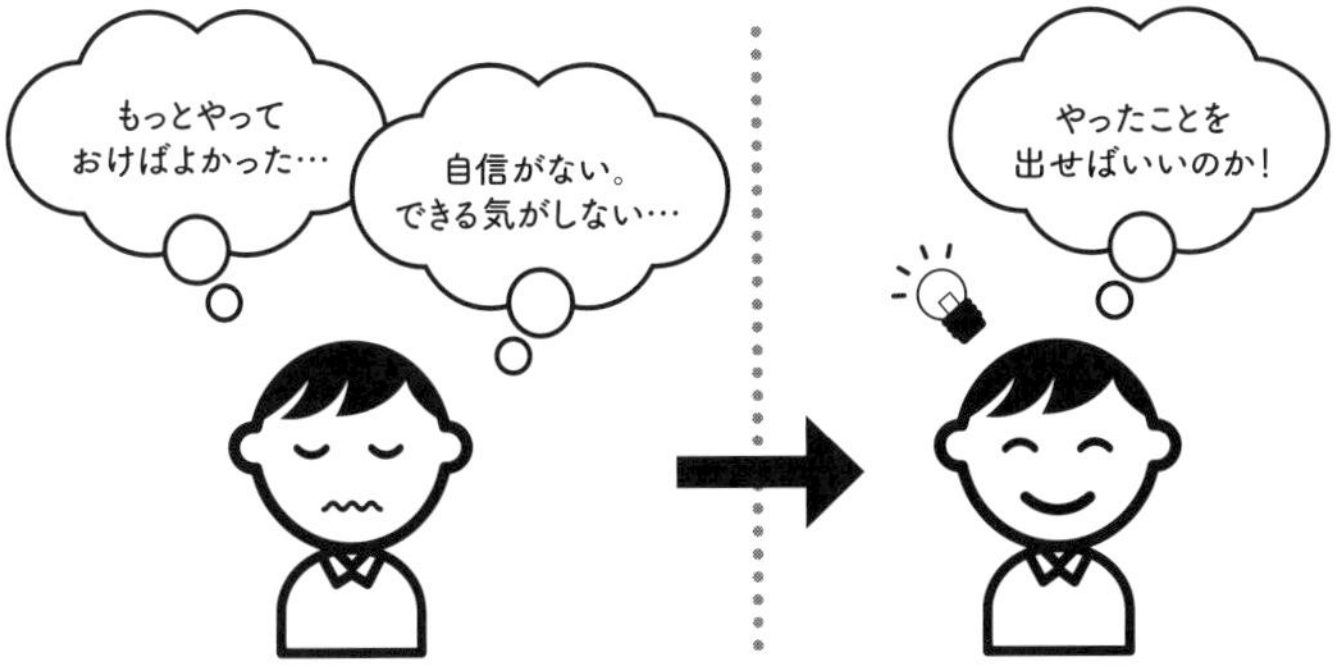
もっとやって
おけばよかった…
自信がない。
できる気がしない…
やったことを
出せばいいのか！

プレッシャーで不安になるのは仕方ないこと。しかし、直前の後悔は失敗のもとなので、今できることを考えられるように導きます。

［科目別しつもん例］

駅前のスーパーで買い物をしているとき、リョウコは野菜を選んでいるコーチを見かけて声をかけた。

「こんにちは、コーチ！　今日はお休みですか？」

リョウコに呼び止められ、コーチはどっちにするか悩んでいた野菜の片方を買い物かごに入れた。

「タクヤ君のお母さん、こんにちは。今日はお休みです。料理が趣味なんで買いだめしておこうと思いまして」

買い物かごにはたくさんの食材が積まれていた。意外な趣味に驚きながらリョウコはコーチにお礼を言った。

「タクヤがすごい勉強したんですよ。コーチのアドバイスのおかげです」

コーチは照れくさそうに「お母さんとタクヤ君の頑張りですよ」と答えた。リョウコはそれを受けて、最近思っていることを口にした。

「でも、子どものやる気を引き出すしつもんって難しいんだなとつくづく思いました」

タクヤの勉強を見ながら、リョウコもうまくいかないところがあったのだ。**どうしたら子どものやる気をうまく引き出せるのか、ここ最近ずっと気になっていた。**

「しつもんは、身近な場面を活かすのがおすすめです。例えばスーパーへ一緒に買い物へ行くとか。食品の産地なんかは社会のしつもんに活かせますし、切り分けられている冷凍ピザなんかは分数にからめたしつもんができます」

すぐにたとえが出てくるコーチにリョウコは素直に感心した。

「**身の回りにも子どもの好奇心を引き出すきっかけがたくさんある**んですね。本当に勉強になります」

気を良くしたのかコーチは饒舌に語る。

「答えが出ない疑問でもいいんです。むしろそのほうが子どもが考える余地が生まれますし、親がわからないことを答えられたときは、子どもはうれしいものです。**子どもの好奇心を促すのに必要なことは、親の目線から勉強を教えることではなくて、一緒に興味を持って学びを深める姿勢**かもしれません。僕たち大人だってわからないことだらけなんですから」

リョウコは勉強させようとしていたのに、自分が学んだり考えたりするところを見せてこなかったことを大いに反省したのだった。

COLUMN

02

現在の半分の仕事がなくなる世の中に!?

AI時代を生きる子どもたちに必要なもの

「AIの進化で仕事がなくなる」

この言葉に危機感を抱いている方もいらっしゃるかもしれません。その発端は、2013年に発表されたオックスフォード大学の**フレイ&オズボーンの研究レポート**。その中で、「将来9割の仕事が機械に代替される」と書かれています。さらに2年後の2015年には、野村総研が同様の調査を日本で行いました。今後10~20年程度で49%もの仕事がAIの進化でなくなると発表され、さらに衝撃が走りました。

では、AIの進化によりわたしたちは仕事を奪われ、生きづらくなるのでしょうか？　実際はそうはならないでしょう。

POINT

AIの進化により自由にやりたいことを選べる時代がきたときに困らないように自分で考えて決める力が、これからの時代には必要となるのです。

「仕事が奪われる」という見方がある一方で、**「好きなことを仕事にできる」**という見方もできます。今まではやりがいを感じることのできなかった作業をＡＩに任せることで、自分が本当にやりたかったことに時間をあてられる時代とも考えられるのです。

そこで、ＡＩ時代を生きる子どもたちに必要になってくるのが「体験」です。人は、自分が体験したことのあるものから「本当に好きだと感じるもの」や「やりたいと感じるもの」を見つけていきます。**「やりたいことがない」**という子どもに出会うことがありますが、その多くは体験量が少ないために具体的にイメージできないだけなのです。

体験にはいくつかの方法があります。ひとつは本を読んだり、映画を見ること。著者や主人公の経験を**追体験**することです。２つ目は、人と会うこと。人と会い、話をすることで、相手の世界観に触れることができます。３つ目は、その場に飛び込むこと。同じ世界遺産でも、

▶KEY WORD ①
フレイ＆オズボーンの研究レポート

アメリカ労働省のデータをもとに、知的生産性が必要とされてきた職業を含む702種の職業についてAIで代替される可能性を調べたフレイ博士とオズボーン准教授による論文。

▶KEY WORD ②
やりたいことがない

AIにより仕事が代替されると、やりたいことを仕事にする「自由」が生まれます。そのときに何も選べない大人にならないように準備が必要です。

写真を見るのと、実際に自分の体全体で感じるのとでは、その後の好奇心の発展にも大きな差があります。

ＡＩの進化により、自分の好きなことに時間を使える時代がやってきました。そのためにも、子どもたちと一緒に「どんなことがやりたいか？」「どんなことが好きか？」「24時間、夢中になれることは何か？」の答えを探す、体験の冒険に出かけましょう。

結論

将来のＡＩ時代を生き抜くための力はさまざまな「体験」が育む

▶KEY WORD ③
追体験

実際に体験するのではなく、物語や映像などの作品を通して、主人公など登場人物の体験を自分の体験として感じること。

第3章

『しつもんメソッド』で中学受験にも対応

2週間後の日曜日
パパ　タクヤ　ご飯よ～
は～い
おわ～っ豪勢！　…なんで？
記念日で…
タクヤがテストでいい点とったのよ
お義母さん大喜び！
どやぁぁぁ
フフン
……
なんか腹立つな
すごいじゃん！　さすが俺の子
私立も行けちゃうんじゃないの～!?
え～　大変そう
調子いいこと言って…

そっか〜
嫌か〜
高校受験しなくて
良くなるのにな〜
残念だな〜
ピクッ
なんなら
大学も…
えっ
そうなの?!
それに
サッカー強い
とこだってあるぞ
設備も
バッチリ!!
マジ!?
もう!
適当なこと
言って
いいことしか
言わない
数日後
…ってことがあって
迷ってるのよ

いいじゃないですか！私立受験
こんにちは！
コーチ!?
なぜここに！
そのカッコは…!?
店長なんです
コーチは副業
ほんと神出鬼没…
へぇ〜…
した方が…いいですかね？
私立受験…
…
…
した方がいいかはタクヤくんが決めることだと思いますが…
でも…

実は『しつもんメソッド』は受験にも効果的なんです
え？ 私立受験でも『しつもんメソッド』が？
なんで？
というのも最近の入学試験では「自分で考える力」を重視する傾向があるんです
中学入試から大学入試まで！
え…？ それって『しつもんメソッド』で伸びる力…？
たしか…
2020年に大学のセンター入試が廃止されて思考力重視の試験に変わるんですけど…
マークシート
知らなかった…!!
聞いたことはあるけど…

それにともなって私立中学の入試も変わってきているんですね
大学への進学実績アップのために…
変わったところでは桃太郎の主人公を変えてストーリーを作りグループで演じるとか
コスプレ?
たぶん違う…
つまりわたしたちの学生の頃とは大きく変わっているんですね
×詰め込み教育
○自分で考える教育
そうね!もはや別モノ
普段から質問に答えて「考える癖」がついているタクヤ君なら思考力を試される問題の方が向いているんじゃないでしょうか?
＜練習のシーン＞
あの時どうすればよかったと思う?
パスした方がよかったかも…
ここはパスだ
トン
＜勉強のシーン＞
この問題は他の解き方ないかな?
う～ん…
あっ…このやり方で出来そう!

そっか〜
知らないところで
追い風が吹いてたんだ…
思考重視という風!!
それにタクヤ君って
興味がある事にはとことん…
じゃないですか
のめり込むタイプ
それを伸ばせる
ような学校のほうが
タクヤ君に合ってる
かもしれません
詰め込み重視の
ところより
タクヤに合った
学校か…
部活動
奨励
自主自立
中学受験…
前向きに考えて
みよっかな…
記憶力が
求められる勉強は
向いてなさそうだし
ハハハ…
そだね〜
へくしょん!!

【2020年教育改革で中学受験が変わる】

タクヤが中学受験に向いているという話を聞いて、興味を持ち始めたリョウコ。しかし、自分が何も知らないことについて不安な気持ちになっていた。

中学受験の話はなんとなくカナエたちから聞いたりするものの、2020年教育改革との関係性などは聞いたことがなかったのだ。

「そもそも2020年の教育改革って、何なんですか？」

タクヤの進路のためにも聞いておかねばならない。恥を承知で、リョウコはコーチに聞いた。

「AIの登場などで激変が予想されるこれからの時代、変化に柔軟に対応して活躍できる人材を育成するために行われるのが今回の教育改革です。身近なところでは英語学習の前倒しなどの変化があるんですよ」

英語に興味があるカナエは事前に知っていたようで説明を始めた。

「2020年からは、小3から週1ぐらいで『外国語活動』という時間が加わるみたい。早いうちから外国語に触れさせて、英語を実際に使えるようにするんですって」

勉強にあまり興味がなさそうなカナエが詳しかったので、リョウコは焦りを感じた。3年生から英語に触れさせるなんて自分の頃とは大きく異なっていると実感した。

「で、その改革の中に思考力を重視する要素があると？」

遅れを取り戻そうと真剣にリョウコはコーチにたずねる。

「そうなんです。２０１５年の野村総研の研究では、あと10～20年ほどで今ある49％の仕事がＡＩに取って代わられる可能性があると言われています。つまり、**子どもたちは今は存在しないような新たな仕事に将来、就く可能性が高いんですね**」

新しい仕事に就くということは、アドバイスをする人がいないということだ。仕事のやり方を教えてくれる人がいないので、自分で考える力が必要になってくる。

「『その仕事、将来にはなくなります』という話を、最近よく聞きますもんね。わたしたちの時代と価値観が違ってくると、アドバイスすらできなくなりそうで不安です」

タクヤが働く姿を想像して、リョウコは不安になった。

「**自分で考えて動けるような大人になってもらうために行われるのが、今回の教育改革なんです**。英語学習の早期化だけではなく、国語や算数、理科や社会だって学び方が大きく変わってくるんですよ」

「具体的には、どのように変わっていくんですか？」

社会の変化を想定して国が動くということは、子を持つ親として安心できた。しかし、タクヤだけでなくその後にシズカも続くのだ。自分自身が何も知らないわけにはいかないと思い、リョウコはコーチにたずねた。

「具体的には、先生の話を静かに聞く授業が減るのではないかと言われています。その代わり、**生徒自身が積極的に授業に参加するアクティブ・ラーニングが増える**みたいですね」

聞き慣れない単語が出てきて、リョウコは不安になる。カナエもピンときていないようだ。

「アクティブ・ラーニングって何ですか？」

率直なしつもんに、コーチは具体例を挙げて答える。

「**グループディスカッションやディベート、体験学習や問題解決学習など、知識を吸収するだけでなく、その知識を活かし役立てる学習**です。記憶力だけでなく、思考力や表現力、学ぶ姿勢や人間性などが求められるんですね」

今までもいろいろな試みがされてきても、結局は記憶力を問うテストで良い点を取れる子が頭のいい子というイメージが、リョウコとカナエにはある。

「でも、教育改革なんて本当に続くのかしら。ゆとり教育だってすぐ終わってしまったし。一過性で終わって受験には関係なくなっちゃうんじゃないの？」

カナエは、すんなり教育改革を支持しなかった。自分の子どもの将来に関わるため、そう簡単に納得できないのはリョウコも同じだ。

「確かに鋭い指摘ですが、**この教育改革を実現するために、2020年には大学受験も変わるんです。大学受験が変われば、進学実績を上げたい高校・中学も変わっていく**だろうと文部科学省は考えているんだと思います」

特に私立中学や高校は進学実績に力を入れている。大学受験が変われば教育業界全体が変わることはリョウコにも納得できた。

「それでセンター試験が廃止されるんですね」

しっかりと話を聞いてくれていたことにうれしくなったコーチは笑顔で答えた。

「そうなんです。マークシート方式だけでなく、記述式の思考力を問う問題が追加された新たな試験に生まれ変わります。また試験の点数だけでなく、AO試験や学校推薦、調査書や学習記録も審査に加味する一般試験など、**多面的に生徒の学ぶ力を評価するように大学入試が変わる予定なんです**」

ひと口に教育改革といっても、2020年に訪れるという大きな変化に二人はただただ驚くばかりだった。

「新しい試験と相性抜群の『しつもんメソッド』」

そもそも、中学入試にリョウコが興味がなかったのは、タクヤには向いていないと思っていたからだ。リョウコにとって中学受験というのは、有名な進学塾に入って分厚いテキストを必死にこなすというイメージだった。もともと勉強が得意でないタクヤをそんなところに入れるなんて、全く想像ができなかったのだ。

「中学受験って、ガリガリ勉強をして難関を突破するというイメージだったんですけど、違うんですか?」

リョウコの疑問に、子どもの進路についてもよく相談を受けるのだろう。コーチは自信ありげに答える。

「もちろん、合格のために死ぬ気で勉強するような風潮は現在でもあるにはあります。しかし、**2020年の教育改革を先取って、中学受験が変化している**のも事実です。塾に通って必死に勉強しても対策できないような、**思考力や表現力を問う問題が増えている**んです」

必死に勉強をしているような子たちに、タクヤが勝てるイメージがリョウコには湧かなかった。

「例えばどんな問題なんですか？」

具体例を求められて、コーチは少し悩んだ。そしていくつか思いついたようで、ひとつずつ説明していった。

「例えば、2018年度の大妻中野中学の入試なんかが特徴的ですね。アメリカのTIMEという雑誌が毎年『今年1年を象徴する人』を選んでいるのですが、2006年はSNSが普及したため『YOU（あなた）』が選出されました。なぜ有名な一個人ではなくて『YOU』が選ばれたのかを、600字程度で答えさせる問題でした」

TIME誌の記事やSNSの普及なんて、学校や予備校では学ばない。そんなテーマについて答えさせるなんて、混乱した子どもも多かっただろう。

「今どきの試験問題って、そんな考えたこともないようなことを答えさせるんですね」

面食らったカナエがつぶやいた。自分だったら絶対に無理だと思っているようだ。

「当然パニックになる子どももいたでしょう。SNSをしていない子どもだっていたんですから。でも、SNSをしていなかったとしても、**普段から考えたり、しつもんに答えたりする癖がついていれば、どんな問題でも答えられるようになるんですね**」

「だから、『しつもんメソッド』は新しい中学受験に向いているのか……」

思考力を問う問題にリョウコは心当たりがあった。テスト前の会話で「これってどういうことなのかな?」とタクヤにしつもんしたときのことだ。タクヤは最初、答えがすぐわからないしつもんを前に途方に暮れていたが、だんだんリョウコが答えを知らない思いつきで考えたしつもんにも、自分なりに調べて答えを出すようになっていったのだ。

「**習ったことのない問題の答えを探し出す力は、『しつもんメソッド』で充分に鍛えられます。また、思考力だけでなく表現力も同じです。**試験では自分の考えを相手にどれほど上手に伝えられるかもチェックされますが、『しつもんメソッド』ではいつも答えたり伝えたりするので、表現力が自然と身につくんですね」

コーチが言ったとおり、『しつもんメソッド』が中学入試に向いているというのは事実のようだった。知らない間に追い風が吹いていたみたいで、リョウコはうれしくなった。しかし、一点不安があった。

「もし中学受験に合格できたとして、それが本当にタクヤのためになるんでしょうか? 勉強についていけなかったらどうしましょう」

率直な不安を口にしたリョウコに、コーチは優しく答えた。

「もちろん、タクヤ君に合った学校選びが一番重要です。でも、公立高校だから緩いというわけでもないみたいですよ。提出物や授業態度を重視して内申をつける学校も多いそうで、私立中学よりもマメさや真面目さが必要とされる学校も多いみたいです。一方、私立中学は近年多様化して、独自性を打ち出している学校も多いです。**のびのびと好きなことを学べる環境があったら、タクヤ君は彼がなりたい自分に近づく**と思うんですけどね」

タクヤのことを考えてくれていることにリョウコはありがたい気持ちでいっぱいだった。確かに何も考えずに公立中学に行っても苦労する可能性は充分ある。それならしっかりと調べてタクヤに良い環境を与えてあげたい。コーチにアドバイスをもらう約束をして、リョウコは帰宅したのだった。

子どもに合った学校選び

やりたい部活が
なかった…
勉強にも
集中できない…
学校が
つまらない…

学校選びはその後の学校生活の充実度に大きく関わり、その後の人生にも影響を与えるもの。子どもがやりたいことを最優先で選びます。

「『しつもんメソッド』で志望校に合格するコツ」

その1

子どもの興味を勉強と結びつける

リョウコが最初にもらったアドバイスは、「探究型の勉強のおもしろさに気づいてもらう」ということだった。

「思考力を問う問題が増えているとはいえ、試験で良い点を取るということも、中学受験には必要なんです。そのためにはタクヤ君に勉強に興味を持ってもらうことが大切です」

今回テスト勉強を頑張ったのは、ゲームで釣ったからだ。とはいえ、それだけでタクヤが頑張り続けたとは思えない。学ぶ楽しさを感じていたのは確かだろう。

「テスト勉強がきっかけで生まれた学習への興味を、より引き出すということですね？」

リョウコの問いかけに、コーチはニッコリと答えた。

「そのとおり！　まんべんなく勉強しなくてもいいんです。**興味があることを学ぶことで、知識を身につけるプロセスが自然と身につくんです**ね。興味があるものって、すんなりと覚えられますよね」

電車好きな子どもが駅名をすぐに覚えるように、好きなものは簡単に頭に入るものだ。

「でも、実際の試験問題は興味のない分野からも出題されますよね。偏った学習になると合格の可能性も下がるんじゃ……」

コーチの提案を聞いてリョウコは不安になったが、コーチは優しく続けてくれた。

「学ぶ素地ができていないと効率的な学習になりません。まずは興味ある分野を通じて勉強を好きになってもらいましょう。**そして、これがポイントなのですが、タクヤ君自身に『志望校へ行きたい』という強い思いが芽生えることも大切です。自主性が生まれれば学習効率は何倍にも伸びますからね**」

何度も聞いた自主性というキーワード。その大切さは『しつもんメソッド』を通じてリョウコも痛感していた。どうしたら学習に興味を持ってもらえるかというリョウコの心を見透かすようにコーチは続けた。

「古文の内容が出てくる漫画や、社会の内容が出てくる映画といった、エンタメ作品を鑑賞する機会をつくるのがおすすめです。うまくいけばドハマリして勉強するようになりますよ。また、科学館や自然公園など、科目に関係がある場所を実際に訪れて、いろんなことを体感することも大切です」

その2

将来の夢を掘り下げる

コーチのアドバイスを聞いたリョウコは、すぐにそれを実践した。

休みの日は科学館に出かけ、天才科学少年が活躍する漫画を買ってあげた。その甲斐あってか、タクヤは理科に興味を持ち、科学実験の本を積極的に読むようになった。

「それはいい兆候ですね。なるべくタクヤ君の興味を引き出すような形で続けてくださいね」

コーチに学習状況を報告すると、うれしそうにコーチは答えた。

「はい、わかりました。それでコーチ、以前おっしゃっていた志望校に興味を持つ機会をつくるという話なんですけど、どのようにしたらタクヤは興味を持ってくれるでしょうか？うかつに薦めてハードルが高すぎてやる気をなくさないか心配です」

子どもが反発するものだということは、リョウコにもわかってきた。中学受験を薦めると、良い学校に行ってほしいという親の下心を察知して、やる気をなくしてしまうのではないか不安だ。

「まずは将来の夢を掘り下げることが大切です。大人になったらやりたいことがあって、それを叶える一番良い手段が中学受験だとわかれば、自然とやる気が出るでしょう」

タクヤがそんなに将来のことを考えてくれるだろうか。自信がなくてリョウコは少し視線を落とした。コーチが慌てて付け加える。

「**まずは急かさず将来やってみたいことを聞いてみてください**。そこが定まればたいてい問題なく進みますから」

無責任なような言い方ではあるが、コーチが言うからにはきっとそうなのだろう。いつのまにかリョウコはコーチに全幅の信頼をおいていた。

リョウコはコーチにもらったＷＩＳＨリスト（30ページ）をタクヤに書いてもらった。

「何でも願いが叶うとしたら、どんなことを叶えたい？」

と聞くと、タクヤは思いのほか楽しそうに書いていった。「ニンテンドースイッチがほしい」「自分だけの部屋がほしい」など身近な願いがあるなかで、「サッカー選手になりたい。ダメでもサッカーはずっとやっていたい」という一文を見つけた。

サッカーを続けたいという気持ちはあるが、プロ選手になる自信はないようで、意外に冷静に将来のことを考えているんだということがわかった。

「タクヤ、将来サッカー選手になりたいんだ」

そう聞くと小さなわが子は恥ずかしそうにうなずいた。

その3

夢を叶える方法をしつもんする

「じゃあ、サッカー選手になるためには、これからどうすればいいかな。何をするのが一番可能性が高いと思う!?」

う〜んと考える仕草をしながらも、タクヤの中では答えは決まっていたようだ。

「まずはサッカーが強いG中学に行けるといいかな。監督の教え方もうまいってコーチが言ってたし。それにサッカー以外でもいい環境なんだって。詳しくは聞いてないけど」

都内にあるG中学はサッカーの強豪として、有名だ。そして中高一貫校で大学への進学実績も良い難関中学だ。夢はしっかり持ちながら、ダメだった場合のこともしっかり考えている。コーチが普段から進路の話もしているようだ。

「G中学のユニフォームかっこいいよね」

リョウコが前向きな意見を伝えると、タクヤは目を輝かせた。中学受験の話が出てから、彼なりに思うところがあったのだろうか。

「じゃあさ、これを使って将来設計を考えてみようよ」

そう言うと、リョウコはコーチからもらったタイムマシンシート（28ページ）を取り出した。**1・3・5・10・20年後の将来設計を20年後の未来から逆算して埋めていくシートだ。**

「20年後、どうなっていたら最高かな?」

20年後、30歳の自分をタクヤはどのようにイメージするのだろうか? リョウコはわくわくしながらタクヤにシートを渡す。

40分ほどかけて、タクヤはシートを埋めていった。そのシートには「20年後:海外で活躍、10年後:プロ選手になる、5年後:全国大会に出る、3年後:G中学に入学する、1年後:学校の勉強をしっかりする」と書いてあった。20年後の夢は何度か書き直した跡があったが、

「海外でプレーするなんてかっこいいね!」

リョウコがそう言うとタクヤは恥ずかしそうに笑ったのだった。

夢に到達するためのロードマップづくり

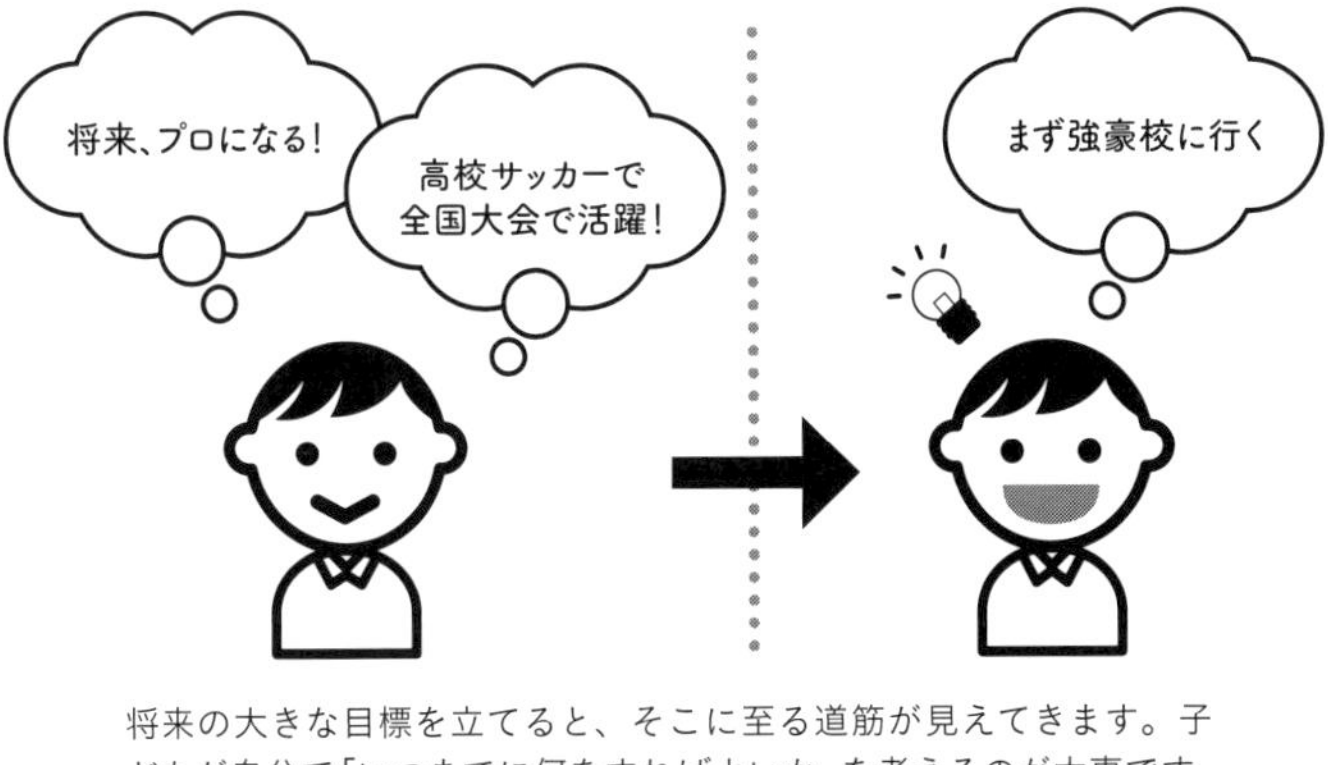
将来、プロになる!
高校サッカーで
全国大会で活躍!
まず強豪校に行く

将来の大きな目標を立てると、そこに至る道筋が見えてきます。子どもが自分で「いつまでに何をすればよいか」を考えるのが大事です。

その4

志望校を目指す理由をしつもんする

タイムマシンシートで将来のことが具体的にイメージできたからか、タクヤは夢を叶えるためにやる気が出たようだった。

「夢を叶えるイメージを持つことができたら、次は夢を叶えるとどんな良いことがあるかを想像させてあげてください。それぞれのステップでどんなメリットがあり、叶えることができたらどれだけ良い気分になるかをイメージしてもらうんです」

リョウコはコーチのアドバイスを思い出していた。**単純に将来を書き出すだけでなく、どんな気分になるかをイメージする。そうするとやる気が何倍にも高まり、一過性にならず持続するらしい。**

「タクヤ、ちょっと今から一緒に出かけない？」

リョウコには将来をイメージさせる秘策があった。リョウコが以前通っていた高校はG中学の近くにあったので、G中学周辺には土地勘があったのだ。

高台に車を停めると、そこからG中学のグラウンドが見える。都心部にもかかわらず大きなグラウンドでは、G中学の生徒が練習していた。G中学は都内屈指の強豪校で、夏の都大会では優勝を果たしている。

「お〜すげ〜！」

サッカー少年であるタクヤにはそのすごさがよりわかったようだ。小学校ではやらないような戦術的な練習もしているということを、タクヤは熱く語ってくれた。実際に練習風景やグラウンドを見て興奮したようだった。

「理系志望の生徒も多いみたいだし、理科に力を入れていて漫画に出てきたような難しい実験をやらせてくれる場合も多いみたいよ」

漫画の影響で科学実験に興味が出始めていたタクヤは、私立中学ならではのカリキュラムにも興味が湧いたようだった。

翌日、学校見学に行った成果があったのか、宿題を早めに片付けるタクヤの姿があった。

子ども自身が体感して決める

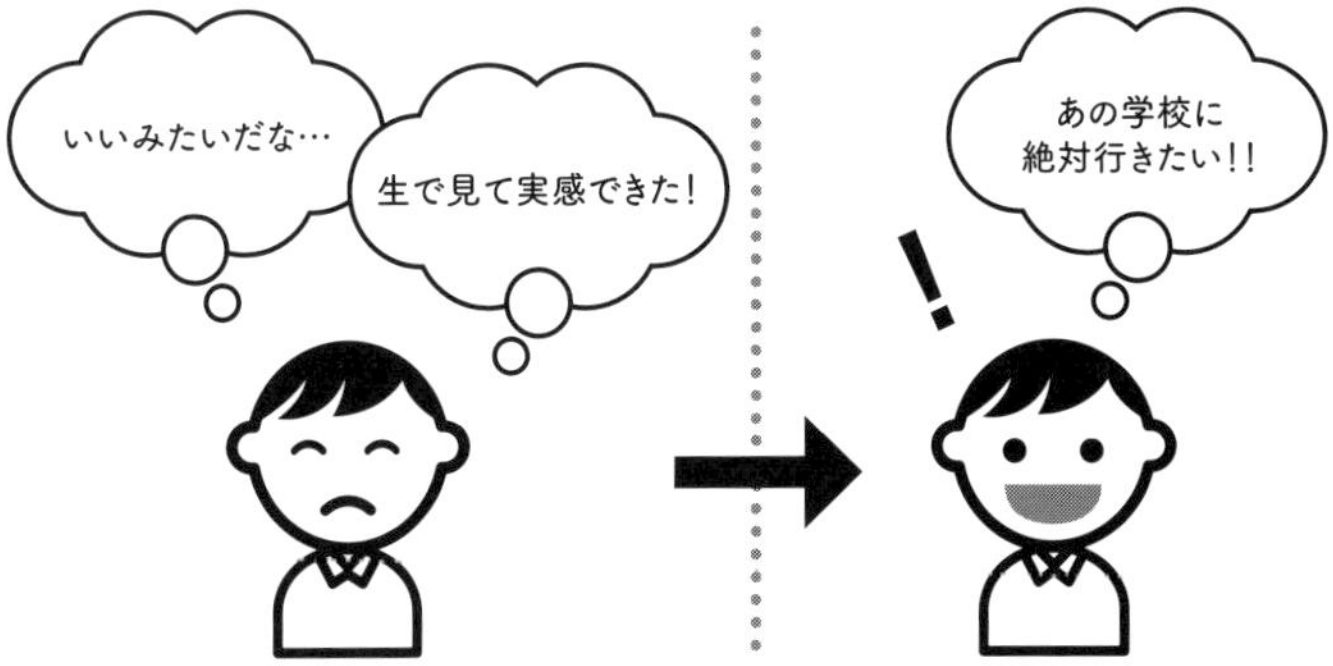

子どもが考えた道が現実的かどうか親がすぐ答えを出すのは控えます。子どもが実際に「見て体験して」どう感じるかを大事にしましょう。

［親が気をつけるポイント］

その1

詰め込み教育にとらわれない

「中学受験の話どうなった？」

タクヤが眠りについたあと、仕事を終えて帰宅した夫のテツヤがリョウコに問いかけた。

「G中学に行きたいみたいよ。サッカーが強くて、勉強も理科の実験とか楽しそうだって言ってたわ」

リョウコは満足げにタクヤの志望を伝えた。

「あいつすごいよな。俺が子どもの頃はそこまで考えてなかったよ。親に言われるまま受験してたし」

自分の学生時代を振り返りながら、テツヤは壁の向こうで寝ているタクヤを褒めた。

「よーし、俺も土日はガンガン教えてやるか！　受験は何やかんや暗記が大事だからな。徹底的に教えてあげよ」

タクヤをサポートしてくれるのはありがたいが、テツヤの指導法にリョウコは少し危惧を覚えた。テツヤは体育会系らしく旧態然としたスパルタなところがあるからだ。

「協力してくれるのはありがたいんだけど、**今は詰め込み式の問題は少なくなっているらしいの**」

リョウコはコーチから聞いた話を説明した。センター試験が廃止されることに始まり、近年の教育事情を説明するとテツヤは愕然とした。

「そんなことになっているのか。確かに詰め込み教育の弊害は昔から言われていたもんな」

柔軟で優しいテツヤは、自分と考え方が違っていても納得すればすぐに行動を変えてくれる。今回もしっかりと話を聞いてくれたのでリョウコは安心した。

「でも、自分がスパルタ式で成功したから、そのやり方でという俺みたいな家も多いんだろうな。同僚の家は昔からみんなK中学らしくて、子どもも合格に向けて勉強を頑張っているみたいだよ」

いろいろな考え方があるんだな、とリョウコは思った。でも、プレッシャーは相当のものだろう。**成果が出なかったときには大きなストレスがかかるのではないか。それはきっと子どもの人格形成にまで影響を与えてしまう**はずだ。なるべく楽しく主体的に育ってほしいとリョウコはタクヤの勉強する姿を見て感じるようになっていた。

その2

短期的な目標に固執しない

詰め込み教育ではなく考えさせる教育が主流になってきていることは、リョウコの説明で理解したが、テツヤが驚いたのはリョウコがタクヤの気持ちを大切にしたいと考えていることだった。以前は「タクヤが勉強しない、どうやって勉強させよう」と愚痴をこぼしていたのに大きく変わったものだ。今ではタクヤが楽しく勉強することばかりを考えている。それはテツヤにとってもうれしい変化だった。

「自主性が大事なのはわかったけど、合格はできそうなのかな？　かなりの難関校だけど」

頑張っているのだから失敗してほしくない。そんな気持ちでテツヤはリョウコにたずねた。G中学は人気が高く、予備校のチラシにも「G中学合格〇〇人」と貼り出される。

そんな学校は落ちても仕方がないのだが、うまくいかなかった場合に二人が落ち込んでしまわないか心配だったのだ。テツヤのしつもんにリョウコは自分の考えを伝える。

「**子育てで短期的な目標に固執するのはダメなんだって。一番の目標はタクヤが将来幸せに暮らすことでしょ。そのためにタクヤには自分で考えて行動できる子になってほしいの**よ。そうなれば、もし不合格だとしても、将来タクヤらしく暮らしていけるから大丈夫。落ち込んだってすぐ立ちなおるわ」

そんな先のことまでリョウコが考えていたなんて、テツヤには予想もつかなかった。テストの点が悪ければすぐに心配になり、タクヤを問い正していた姿からは想像できない変化だった。

「タクヤの夢はサッカー選手だったね。叶えられるかどうかは別として、それに向けて頑張るのがタクヤにとっては良さそうだね」

タクヤもリョウコも楽しそうにしているのが、テツヤもうれしかった。実際に成果も出ているので、それが一番いい方法なのかもしれない。「もっとガリガリ勉強しないとダメだよ」と言いたくなる気持ちを抑えて、テツヤは二人の頑張りを応援することにしたのだった。

目先のことだけにとらわれない

短期的な目標が最終的な目的だと、達成してしまうと次のやる気が起きないもの。長期的な目的に向かって段階的に目標を立てるのが◎。

その3

子どものストレスをケアする

中学受験を前向きに考え始めたタクヤ。実際にG中学を見て、志望校への思いはより高まったようだった。そして、今まで気にならなかったが自分の周りの同級生が受験をするのか気になり始めた。周りの子に聞いてみると、小学校4年生から塾に通っている子も多いようだった。**自分がサッカーをしている間に、勉強している子もいたことに気が付いたタクヤはプレッシャーを感じ始めたのだった。**

「やっぱり中学受験やめようかな」

タクヤがそう言い出したとき、リョウコはびっくりした。あれだけやる気を見せていたのにどうしてしまったのだろうと思ったが、相手を否定しない『しつもんメソッド』の鉄則を守りながら、タクヤに聞いてみた。

「タクヤがそうしたいならそれでもいいけど、どうしてそう思ったの？」

そう聞いたリョウコを見て、タクヤは素直な気持ちを打ち明けた。

「中学受験する子は、前から塾に通っている子が多いみたいなんだ。ケイタ君はG中学は4年生から塾に行ってないと無理だって」

友だちの言葉が絶対だと思っているわけではないが、自信をなくしてしまっているようだ。せっかくやる気を見せたのだからという思いから、リョウコは何とかタクヤのやる気を引き出そうと試みた。

「早くから塾に行ってたほうが有利かもしれないね。でも、そうじゃないと合格できないって本当かな？　前のテストみたいに頑張れるならタクヤはきっと大丈夫だと思うよ」

リョウコの答えにタクヤは考え込んでしまった。この前のテストで良い点を取ったものの、もともとは勉強を進んでやっていなかったからだ。しかし、**母親からの励ましが効いたのか前向きな言葉を発した。**

「う〜ん、前のテスト勉強みたいに頑張れば……、G中学受かるかな」

リョウコは笑顔でタクヤを肯定した。

「近所のA塾が良いって評判なんだけど、今度体験授業受けてみる？」

とリョウコが聞くとタクヤはすぐに「うん！」と答えた。

親は子どものメンタルコーチになろうとコーチが言っていた意味がわかったような気がした。**将来の夢に向けてタクヤは挫折することもあるだろう。でも前向きに成長しようとするタクヤを、リョウコは心から応援してあげたいと思った。**

［自主性アップで大学受験→就活も有利になる］

リョウコとタクヤが中学受験の決意を固めていた頃、カナエも『しつもんメソッド』に本格的に取り組み始めたようだった。

「リョウコさん、知ってる？ **『しつもんメソッド』で自主性を育てると大学受験や就活にも役立つんだって**」

買い物の帰りにバッタリと会ったリョウコにカナエは熱く語った。コーチから話を聞いたらしい。子どもの将来が心配だったカナエは、『しつもんメソッド』で効果が出てから熱心に実践しているのだという。

「確かに大学受験が思考力を重視するっていう話は聞いたけど、就活にも役立つの？」

リョウコも初めて聞く話に興味が湧いた。サッカー選手になりたいというタクヤだったが、怪我をしてサッカーができなくなることだってあるかもしれない。夢が破れて就職する可能性がある以上、就活が有利になって損はないはずだ。

「そうなの。就職の面接って、聞かれては答えるの繰り返しでしょ？ **小さいうちから『しつもんメソッド』でトレーニングしていれば、その受け答えが得意になるんだって**」

学生時代に就職活動をしたとき、思ったようにいかず苦い思いをしたことをリョウコは思い出した。年の離れた社会人に自分の考えを伝えることはとても難しく、第一志望の会社に行けなかったのだ。

「確かに『しつもんメソッド』の流れって面接と似ているところがあるもんね。『あなたはどう思いますか?』って面接で聞かれているみたいなものだもの」

難しいしつもんをしても、最近のタクヤは自分の言葉でしっかりと考えを述べる。結論に至った根拠を踏まえたうえで、堂々と答える癖がついているのだろうか?

「タクヤの自主性を尊重させることが、将来のタクヤの就職にもいいんですって」

その日の夜、カナエから聞いた話についてリョウコはテツヤに意見を求めた。

「確かに『指示待ち人間』は一番評価されないからね」

心当たりがいるのか、テツヤはうんざりしながら言った。

「**自分が何に興味があるのかをわかっていて、どんどん突き進んでいけるタイプ**が採用したくなるな。最近では仕事でも新しい技術が導入されたり、やり方が変わったりするから、**変化に対応することも求められる**しね。言われたことをただひたすらこなすっていうのは、現代の職場では違う気がするな」

コーチが言っていたように社会はどんどん変化していて、実際働く人にも実感されているようだった。

「学歴やどんな学びを大学でしていたかっていうことのほかにも、自主性っていうのは今後採用でも重視されると思うな」

テツヤの話を聞いて『しつもんメソッド』が将来的にも役に立ちそうだということにリョウコは驚いた。ただ「宿題をやるようになってほしい」という思いから教えてもらった方法だが、こんなに考えられている教育法だということに興味を持った。

「『しつもんメソッド』ってどのように生まれたんですか?」

翌日、リョウコはコーチにたずねてみた。宿題にも受験にも、就活にも役立つ万能メソッドのようにリョウコは思えたからだ。

「**僕の師匠が『ひとりでも多くの人が、その人らしく生きられるように』と願ってつくったメソッドがもとになっているんです。それを僕が子ども向けにアレンジしたんです**」

コーチに師匠がいたことにリョウコはびっくりした。

「師匠ってサッカーの師匠ですか?」

コーチは笑いながら答えた。

「いえ、しつもんの師匠です。僕も指導がうまくいかない時期があって、そのときに師匠と出会ったんです。タクヤ君のママは『しつもんメソッド』が万能な教育法だと思われているみたいですが、**これはその人が持つ本来の能力を引き出しているだけなんですよ**」

さまざまな場面で、『しつもんメソッド』による学習が役立つ理由をコーチはリョウコに説明した。**人が持つ潜在能力を引き出すので、どんな課題や困難も乗り越えられるようになるのだという**。「受験や叶えたい夢などいろいろあると思いますが、その人がその人らしくいられるように応援するつもりでしつもんをしてみてください」とコーチは言った。

〝その人らしく〟生きる力を育む

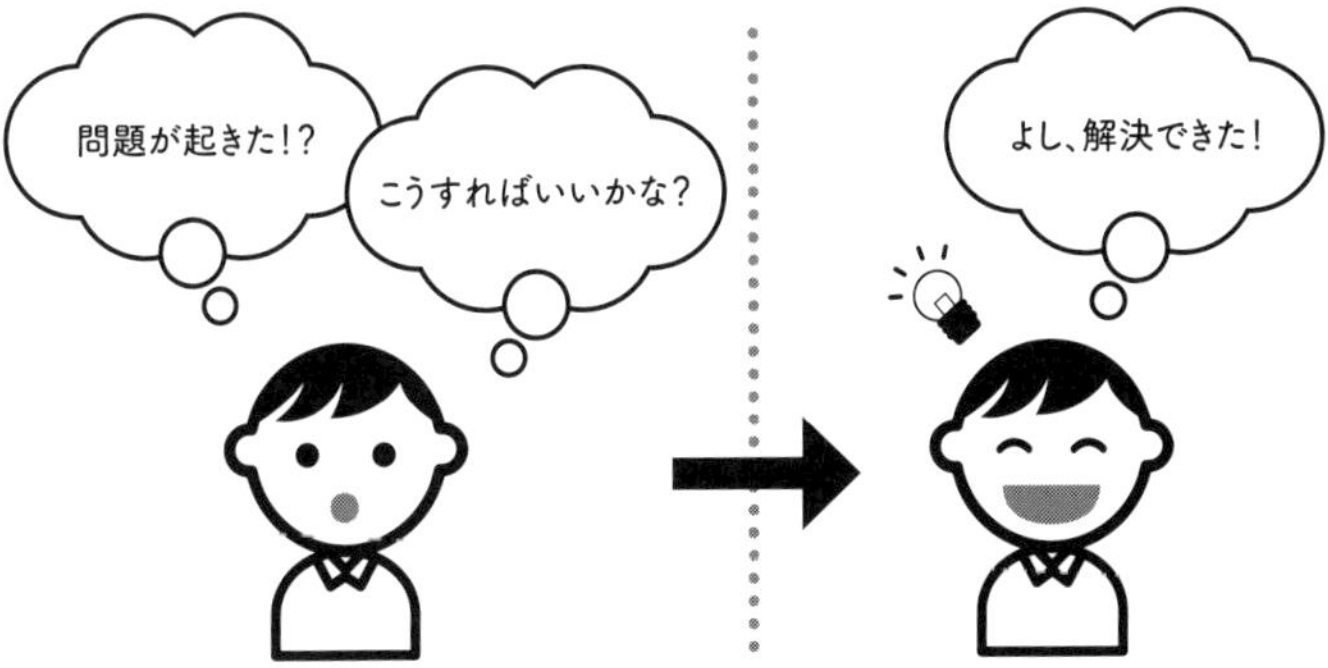
問題が起きた!?
こうすればいいかな?
よし、解決できた!

体だけでなく心も成長するためには、問題が起きたときに自分で考えて解決する力が不可欠。大人は解決のサポートに徹するのが大事です。

COLUMN

03

何が将来の夢のきっかけになるかはわからない
モチベーションの6つの種類

「子どもに成長してほしい」と願うのなら、まずはよく観察することがとても大切です。

ニュージーランドで行われている教育法テファリキのカリキュラムでは観察を大切にしていて、観察したことを記録するだけのノートも準備。子どもが「何に興味を持っているのか」「どんなことがきっかけでやる気になるのか？」を観察し、知ることでアプローチの選択肢を増やすことができるからです。

心理学の分野では「やる気」を「動機づけ」といい、大きく分けると「内発的」「外発的」の2種類に分けることができます。

内発的動機づけは、自分自身がそれをやり遂げることで得られる達

POINT

何かをやらせるときに大事なのは突然やるように言うのではなく、興味を引くようにしつもんすること。好きなことに関連付けるのがポイントです。

成感や自信、満足感など、「うれしい」「楽しい」といった自分の内側から溢れるモチベーションです。

外発的動機づけは、「頑張ったらおもちゃを買ってもらえる！」「おこづかいが増える！」「お母さんに褒めてもらえる！」といった、外側から得られる評価や物質的対価で上がるモチベーションのことです。

僕は子どもの学びの動機として**市川伸一教授（東京大学大学院）の二要因モデル**を参考にしていますが、それによると、2つの動機づけはさらに細かく見ていくと次のように6種類に分けられます。

①楽しいから＝充実志向（わくわく型）
②自分を鍛える＝訓練志向（コツコツ型）
③ひとつで2つに役立つから＝実用志向（一石二鳥型）
④友だちとやりたい＝関係志向（一緒にやろうよ型）
⑤負けたくない＝自尊志向（プライド&ライバル重視型）
⑥ご褒美がほしい＝報酬志向（おこづかい型）

▶KEY WORD ①
市川教授の二要因モデル

横軸に学習の功利性、つまり「やれば得をするし、やらないと損をする」という賞賛や罰を意識しているかどうかというものさしを置き、それに対して、縦軸に「学習内容の重要性」、つまり学習している内容について「この内容だからこそやりたい」という内容重視の考え方と「別にこの内容でなくてもいい」という考え方を置き、6つの学習動機を当てはめているモデルです。

結論

最初は「みんなやっているから」でも体験を通して「やりたいこと」になる

最初は関係志向で始めたサッカーも、次第に充実志向となり、年代が進むにつれて自尊志向も生まれる。

大人になって報酬志向となるも、「なぜこのスポーツをしているのか?」と自問自答したときに「楽しいから」という充実志向の原点に気づき、さらに訓練志向のやる気が高まる。

結果が出て報酬志向のやる気も結果的に満たしていた、というように、らせん状に成長していくのが理想といえるでしょう。

▶KEY WORD ②
賞賛や罰を意識

これは「宿題をやると褒められる」という損得勘定や「やらないと怒られる」という罰を受けたくないという気持ちがあるか、ということ。

第4章 『しつもんメソッド』を続けるコツ

数カ月後
ありがとうございました!!
コーチ!
ちょっと聞きたいことが…
どん!
ささっ
コーチ『しつもんメソッド』で質問が…
子どもが勉強しなくて…
コーチ
コーチ
ひぇ〜
みんなも…やってたんだ…
ぽかーん
じゃあ…みんなで勉強会しましょうか?
いい場所知ってるんですよ
…って
コーチのお店じゃないですか
ゆっくり話せるでしょう
あはは
はいっ!
さっそく…アキラ君のパパはどんなことに困っていますか?
どんどんいきましょう

子どもが質問に答えない
ドキ
ドキ
こないだ質問しようとしたら…
さ、最近どうだ？
えっ
…急に何なんだよ？
い、いや…最近どうなのかな～と思って
…ということがあったんです
難しい…
答えてくれなかったんですね
なるほど
『しつもんメソッド』は関係性づくりが大切です
ひょっこ
これを使ってシミュレーションしてみましょう
何アレ…
わかりやすいけど
今日の試合どうだった？
相手がすげ～強かった！
まずは子どもが答えやすい自然な質問をこころがけましょう！
場所やタイミングも大切
関係性ができれば踏み込んだ質問にも答えてくれやすくなります

前向きな言葉がかけられない
怒らないようにはしているんですが…
子どもの褒め方がわからないんです
頑張ったじゃん！いい点数ね
全然いい点数じゃないよ！
おしいけど…
ドンッ
これは…褒めていい…のか？
褒めるって意外と難しいですよね
うんうん
期末テストでどこが良くできた？
国語がすごい良くできた！
おすすめなのが「どこが良くできた？」という質問
ほめてほしいポイントを引き出せます
なるほど!!
「どこが？」がいいんですね！

子どもがやる気を出さない
勉強にやる気を出してほしいんですが…
勉強するとどんないいことがあると思う?
知らんっ
効果的なしつもんの仕方がわからないんです
なるほど
『しつもんメソッド』のコツは子どもの好奇心を引き出すこと
興味ないものを無理に薦められると反発するのは大人も同じですよね
いらない
どうぞーっ
スッ
勉強でもスポーツでも一流に触れる機会をつくるのがおすすめです
イニエスタ!!
スペインでサッカーしたい!!
じゃあまずは英語から
自分が何をすべきか考えるようになります
わかりました
なるほどっ

いろいろテクニックがあるんだね
へぇ〜
う〜んっ
いっぱいありすぎて困っちゃうな
一番のコツってなんですか?
一番効果のあるやつ
ガタッ
一番ですか?…それは親も笑顔でいることです
ニコッ
さ、さわやか〜
今日どうだった?
笑顔
今日どうだった?
無表情
まったく同じしつもんでも効果が全然変わってきます
確かに
でしょ!

いつも笑顔か…
コラァァァ
難しそう…
笑顔になれない時には親もリフレッシュするのがおすすめです
趣味とかリラックスとか
でもタクヤくんのお母さんはいつも楽しそうじゃないですか?
楽しそうに質問してるし
えっ!?
わたしが?
確かにタクヤの答えを聞くのが面白くなってきたかも…
親も楽しめるのが最高の子育てだと僕は思います
その調子で親子で楽しんでくださいね
そのままで!
…はいっ

［子どもが興味を持つことを一緒に学ぶ］

初めてコーチに『しつもんメソッド』のことを聞いてから数カ月が経っていた。タクヤのサッカーの練習帰り、一緒に買い物をしていたリョウコとタクヤは、再びスーパーでコーチと顔を合わせた。

「こんにちはコーチ。今夜のメニューはカレーですか？」

かごの中のニンジンやジャガイモを見ながらリョウコがたずねる。

「こんにちは、タクヤ君とお母さん！　今晩のカレーはちょっと趣向を凝らして香辛料を入れたスペイン風にしようと思ってるんです」

欧風カレーは聞いたことがあるけれど、スペイン風は聞いたことがなかったリョウコは驚いたが、それを言葉にする前に食いついたのはタクヤだった。

「スペイン風って何？　インドとかタイだけじゃないの？　スペインと香辛料って何の関係があるの？」

カレーはタクヤの大好物。それだけに興味津々でコーチをしつもん攻めにする。

「スペインはアフリカやトルコと歴史的に深いつながりがあるんだ。で、トルコは昔からスペインやアフリカに香辛料を輸出していた国。だからスペインにはスパイスを使う料理がたくさんあって、それを使うからスペイン風って名付けたんだよ」

感心しながら聞くタクヤを見て、子どもの興味をグッとつかむテクニックの見事さにリョウコは驚くとともにうらやましく思った。

「コーチは子どもの興味を引くのが本当に上手ですよね。どうやったらそんなに子どもがおもしろいと思うことを覚えられるんですか？　それが上手なしつもんのコツですか？」

リョウコのしつもんでコーチは急に真面目な顔をしてしまう。何か悪いことを聞いてしまったのか、そう不安になったリョウコにコーチは微笑んで答える。

「買い物を済ませたら、少しお話ししましょうか」

タクヤを先に家に帰してコーヒーショップに移動すると、コーチが話を始めた。

「先ほどのしつもんですが、答えは簡単です。タクヤ君がカレーを好きなことは知っていましたし、僕も職業柄スペインのことには詳しいほうで、あちらの郷土料理についても興味があって調べていたから『タクヤ君が興味を持ってくれるだろう』と思って話したんです」

そこまではわが子のことだからわかるリョウコだったが、コーチはさらに続ける。

「つまり、**おもしろいことをしつもんのために用意するのではなく、自分の知識や経験の引**

き出しの中から子どもがおもしろがってくれそうなものを選んだだけ。子どもにしつもんすることが多いので、他の人よりちょっと多く知っているだけなんです。そこを勘違いしないでほしいんです」

コーチの口から出てきた〝勘違い〟という言葉に驚くリョウコに向かって、コーチは語る。

「この**『しつもんメソッド』では、子どもとの関係性が大切です。だけど、そのために親が〝特別な何かをしよう〟とするのは負担になってしまい、失敗につながってしまいます**」

「『しつもんメソッド』が失敗するときは？」

確かに、最初の頃はタクヤが興味を持ちそうなことを探していたが、最近はそんなことはない。我ながら自然体で接しているとリョウコは思っていた。

「そこまで気負うことはなくなりましたけど、失敗ってどんなことがあるんですか？」

リョウコの言葉を聞いて安心して笑顔を浮かべ、コーチは言葉を続ける。

「失敗はいくつかありますが、その理由は、実は子どもではなく僕たち大人です。**失敗というのは、関係性ができていないのにしつもんをして、思うようにいかないことで諦めてしま**

う。つまり、継続できないことがひとつ目です。次に多いのが、しつもんの形を取った指示や命令になってしまうこと。親が子どもを誘導してしまい、結果として自主的に考える機会を奪ってしまうことです」

コーチがはっきりと〝失敗〟と語るのを聞いて驚いたリョウコだが、納得できる話だった。

「しつもんがうまくいかないのは仕方がないことです。関係性ができていなかったり、タイミングが悪かったり、しつもん自体が複雑になっていたり、理由はいろいろあります。でも、それは慣れていけば必ず上達します。失敗というのはさっきの2つ以外はないのだと覚えておいてください」

すがすがしい顔で語るコーチだが、リョウコはさっきの真面目な顔が気になっていた。

「さっきはなんで考え込んでいたんですか」

「失敗の話をしたら、せっかくうまくいっているのに心配させることになるかと思って考えてしまったんです。でも、この数カ月間、頑張っている姿を見ていたので大丈夫だと思いました。タクヤ君だけでなく、お母さんも最近すごくいい顔してますから」

自分でも手ごたえを感じてきていただけに、コーチの言葉に思わず胸が熱くなったリョウコだった。

Q

子どもにしつもんに答えてもらうには？

タクヤのサッカーの練習が終わったあとにリョウコがコーチにしつもんしようとすると、そのひと足先に他の子どもの保護者たちがコーチを取り囲んでしまった。

「『しつもんメソッド』についてしつもんがあるんですが！」

落ち着いて話すために場所を変えようと提案するコーチ。子どもたちを先に帰し、保護者みんなでファミレスに移動して勉強会が始まった。

「では、順番に皆さんの悩みをお聞きしていきます。どなたからでもどうぞ」

するとアキラ君の父親がまっ先に手を挙げた。

「この間、アキラにしつもんしたんですが、うまくいかなくて」

「どんなしつもんをしたんですか？」

コーチがすかさず聞く。アキラ君の父親はしどろもどろになりながら

「いや、何から話せばいいのかわからなくて『最近どうだ？』って……。そうしたら『どうって何が？　何を聞きたいの？』って言われてしまって」

それを聞いてリョウコも苦い経験を思い出した。やはりリョウコも最初の頃に同じ失敗をしていたのだ。〝**何かしつもんしなくては**〟**という思いだけが先走って、突拍子もなく、雑なしつもんでタクヤを困惑させてしまい、結局そのときは何も答えてもらえなかった。**

Point

しつもんをすることが目的になってはいけない

コーチは何度もうなずきながら答える。

「そういうことってありますよね。まず理解しなくてはいけないのは、**『しつもんメソッド』の目的はしつもんをすることでも、答えてもらうことでもないということです**」

コーチの言葉に、リョウコも心の中でうなずく。しつもんすることが目的になっていると雑なしつもんになってしまうのだ。

何が聞きたいのかわからなければ、子どもは親が答えてほしいことを探ってしまい、子どもの自由な発想力を鍛えるものではなくなってしまうのだ。

「大事なのは、しつもんではありません。子どもに興味を持って観察すれば、しつもんは自然に出てきます。『今日のサッカーでどんなところが楽しかった？』と聞くのもいいでしょうね」

Q

子どもに積極的になってもらいたいときは？

続いて手を挙げたのは、控えめでチームでもあまり目立たないケンジ君のお母さん。

「うちの子、プレーでもそうですけど、**なんだかすごく周りを気にして後ろに下がるタイプで……。もっと積極的になってほしいんです**。サッカーでも、勉強でも！」

その言葉を聞いて意外そうな顔をするコーチに対し、ケンジ君のお母さんは続ける。

「しつもんしても全然話さないものだから、つい『どうなの？』って聞いちゃうんです」

隣に座るカナエが真剣な表情で聞き入っている。周りを見ると他の保護者たちも同じことを思っているのかコーチの次の言葉を待っていた。視線が集まっていることを感じて、コーチは皆の方をゆっくりと見回してから話し始めた。

Point

どんな答えも肯定しよう

「どんな子どもでも、しつもんに答えるときに少し緊張することがあります。例えば『こう言ったら怒られるかな』とか『わかってくれないだろうな』なんて思ってしまうと、素直に口に出せない、言葉にするのに時間がかかる、ということがあるんです」

あちこちで、ハッと息を呑む気配がする。リョウコも将来の夢を教えてくれたときのタクヤのことを思い出していた。コーチは続ける。

「大事なのは、『何を言っても大丈夫』と子どもが思える関係性。その関係性づくりには、普段の接し方が非常に大事です。**たとえ大人の目から見たら間違いだとしても、子どもが考えた末に出した答えは〝すべて正解〟**というのが『しつもんメソッド』のポイント。**答えを否定するのではなく、まず受け止めましょう**」

その難しさを思い返すリョウコの横で、カナエがたまらずたずねる。

「その〝すべてが正解〟と積極性はどう関係するんですか？」

コーチは微笑みながら答えた。

「だれでもそうですが、自分の話を否定せずに最後まで聞いてもらえることはうれしいことです。どんな答えや考えも受け止められると**『受け止めてもらったこと』が自信になり、思ったことをどんどん話せる**ようになります。自分の思ったことをどんどん話せるということは〝積極的〟だと思いませんか？」

夢の話をしてからのタクヤの頑張りを思い出し、リョウコは自然とうなずいていた。

Q 苦手なことにやる気を出してもらうには？

「はい、コーチ！　**ウチの子は好きなことは夢中でやるけど、苦手なことは全然やりたがらないんです。どんなしつもんなら勉強をやる気になってくれますか？**」

チーム一の俊足フォワード、リキ君のお母さんが次を指名する前に手を挙げる。

「さすがリキ君のお母さん、いいタイミングで入ってきますね（笑）。効果的なしつもんがわからない、ということならまず、リキ君が**興味を持っていることと、お母さんがやってほしいことの共通点を見つける**ことから始めましょう。例えば好きなプロサッカー選手の話とか」

隣に座っていたカナエがぽつりとつぶやく。

「ウチの子、『スペインってどこ？』って聞いてきたの。『なんで？』って聞いたら、スペインのサッカーリーグに興味があるんだって。地球儀で教えてあげたら、最近よく見てるのよ」

コーチはカナエの言葉を聞いて続ける。

「勉強といっても国語や算数、社会などいろいろありますよね。国の場所なら社会。また、その国の文化ということなら英語などの外国語に、ボールの支配率やチームの勝率なら数学……。サッカーを始め、スポーツはこれから先の勉強への興味の入口になりやすいですね」

Point

失敗を認めてあげよう

「でもウチの子って『今日もテストだめだった。勉強はもう無理だ』なんて言うんです。もう苦手と思い込んでいるから、全然興味を示さないかも……」

そう嘆くリキ君のお母さんの顔を見ながらコーチは言った。

「そんなときのしつもんは、ずばり笑顔で『今日はどんな失敗があった？』と聞くことです。**普通は失敗すると怒られると思いますが、失敗をしたことを『チャレンジしたんだね、成長したね』と認めてあげて**ください。そうすると、子どもは失敗してもチャレンジしたことを認められると思うようになり、心を開いて『しつもんに答えよう』という思いが生まれるようになります。そうなれば『どうすればよかったかな？』と自発的に動くきっかけをつくるしつもんをつなげられますよ」

リョウコは、タクヤとの会話の中で今日の愚痴をこぼすタクヤを慰めるために同じように言っていたことを思い出した。

確かに最近、タクヤは失敗をよく口にするようになった。でも、そのたびに前向きになるようにしつもんを重ねてきたのだった。

Q

真面目なしつもんに答えてもらうには？

次に手を挙げたのは、チームのムードメーカーでもある司令塔ミツル君のママ。明るく社交的な人気者だが、それぞれに悩みがあるようだ。

「ウチは夫と子どもの仲がすごくいいんです。でも、まるで友だちのような関係で、一緒にサッカーを見たりゲームをしたり。真面目な話はしないのでわたしが聞くんですが、はぐらかされてしまって全然……」

確かに、ミツル君のパパはたまに練習に顔を出したときにも社交的で、まるでいつもいるかのような雰囲気づくりが上手だ。しかし、その分何を考えているのか読めないところがある。同じように、**ミツル君が何を考えているのか母親でもわからない**のだという。

思いがけない深刻な悩みだが、コーチは淡々と答える。

「急に真面目な話をしようとすると身構えてしまうことってありますよね。夕食後30分はみんなで自分の身の回りのことを話す時間など、定期的に時間をつくるのも効果的です。けれど、今すぐは難しいでしょうね。でも、方法はあります」

Point

ワークシートで楽しみながら将来を語り合う

「子どもとはいえ、面と向かって**改まって真面目な話をしようとすると緊張するもの**です。そんな状態でじっくり話すなんて難しいでしょう。であれば、ゲーム性の高いワークシートに取り組むのもひとつの方法です。親に向かって話すのではなく**ワークシートに向かうことでリラックスして、将来についてのしつもんにも答えられます**」

リョウコはタクヤにワークシート（20ページ〜）をやらせたときのことを思い出した。

「ウチのタクヤも楽しそうにやってました。そのあと、将来の夢も教えてくれましたよ」

ミツル君のママもほっとしたような顔でリョウコを見る。コーチはさらに続ける。

「**子どもにしつもんするときの立ち位置も重要だったりします**。面と向かってはどうしても緊張してしまうし、横並びだと仲間的な心情になるため、照れくさくて話せないことも。斜め前くらいで目を見据えない、というのが真面目な話にはいいでしょう」

ミツル君のママが納得した顔でコーチに伝える。

「ウチの夫も『仲がいいのに真面目な話はしない』と悩んでいましたが、照れくさかったんですね。ワークシートと立ち位置のこと、家で話しますね」

Q

怒ってしまいそうなときは？

続けてしつもんしようと手が挙がる。コーチはシゲオ君のパパを指名する。

「ウチの子に妻がしつもんしようとすると、真面目に答えないことがあるんです」

シゲオ君のママはほとんど顔を出さないが、シゲオ君のパパは少し迫力がある。子どもにとっては怖い存在らしく、その分ママには少し強気なのだという。

「**そんな態度につい怒ってしまいそうになって、しつもん自体を中断してしまう**のだとか。とはいえわたしには緊張していて本音を話しているとは思えなくて……」

先生は少し考えてからいくつかしつもんする。

「奥さんは怒ってしまいそうということですが、その理由は何だと思いますか？」

シゲオ君のパパが奥さんから聞いた話では、ふざけた答えで茶化しているからだという。

「それは繰り返しになりますが、しつもんに答える関係性が築けていない点が第一の理由ですね。それができたあとの話なら、そんな態度を取る理由を掘り下げることが大事です」

前半については理解できたリョウコだが、タクヤにはなかったことだけに後半について興味が湧いた。気づけば隣のカナエも同じらしく、身を乗り出して聞いている。

Point

子どもを誘導しようとしない

「よく考えてみてほしいのが、**『しつもんが指示や命令の代わりになっていないか』という**ことです。**〝こうあるべき〟という答えが自分の中にあって、そこへ誘導しようとしていないか**。子どもは誘導されたり、やらされてることを嫌います。そんなときの抵抗のひとつかもしれません」

リョウコも散々体験してきたことだけに胸が痛む。シゲオ君のパパも思い当たることがあるような顔で黙ってしまった。コーチは続けて話す。

「怒ってしまいそうなときに思い出してほしいのが、『しつもんメソッド』の『どんな答えも正解』という考え方。具体的には、子どもの**ふざけた態度の裏に何があるのか**に興味を持ってみましょう。照れているのか、答えたくないのか、自分だったらと考えて子どもの気持ちを想像してください。そうすれば、次にどのようにしつもんすればよいか見えてくると思います」

以前、同じことをしつもんしたときのコーチの言葉をリョウコは改めて思い出した。

「**しつもんは答えさせるのが目的じゃなく、対話自体が大事**と覚えておいてくださいね」

Q

とっさにしつもんが出ないときは？

リョウコと同じように、コーチの言葉を思い出しながら聞いていたカナエが口を開く。

「今まで『しつもんメソッド』を実践するために、自分なりにいろいろとしつもんを考えてきました。でも、**想定していた会話の流れにならずに、とっさにしつもんが出ないときがあるんですが**、そういうときはどうすれば？」

少し深刻になった空気をかき消すように、コーチは微笑みながら答える。

「皆さん、子どものことを考えていて、とてもいいですね。でも、そんなに肩に力を入れずにリラックスしてください。子どもだって、**〝しつもんしよう〟と構えているお母さんには答えにくい**ものですから」

ハッとした顔でカナエが答える。

「確かに、普通にしているつもりなのに『ママ、なんか怖いよ』と言われることも……」

リョウコにも覚えがある。タクヤは怖がることはなかったが、代わりに反発していた。

「大人でさえ、事前にシミュレーションしていても会話が思いどおりにいくなんてことないですよね？　子どもの発想は柔軟なのでなおさらです。**大事なのはタイミングと関係性。**

リラックスしていないと本音は出てこないですし、関係性ができていなければ真面目なしつもんには答えてもらえないもの。答えを導こうと準備していても見透かされます」

Point

子どもに興味を持てばしつもんは自然に浮かんでくる

「しつもんしなくてはいけない」「目的のしつもんにつなげるためには」と考えていた時期がリョウコにも確かにあって、その頃は同じ悩みを持っていた。しかし、今は違った。それはなぜかと考える前にコーチが言葉を続ける。

「繰り返しになりますが、一番大切なのは子どもの成長であって、しつもんではありません。しつもんは子どもの頭の中に興味を持たせ、彼らの思考の成長を助けるものです。であれば、しつもんが出てこないときに何を聞くかは簡単です。**子どもが何を考えているか、何に興味を持っているかを聞けばよい**のです。それがわかればしつもんは自然に湧き出してきます」

その話にリョウコは心当たりがあった。最近はタクヤとたくさん話をしていて興味があることを知っているから、しつもんが途切れることがなくなっていた。

Q

ひとつの物事に固執するときは？

「ウチの子はわかりやすいくらいにサッカー一筋。勉強そっちのけで少し困っています。**どうやってしつもんすれば、勉強にも興味を持って**くれますか？」

昔の自分のようなしつもんにドキッとしたリョウコが見つめた先にいたのは、チーム一の頑張り屋のヒロ君のママだった。コーチもうなずいて静かに語り始めた。

「子どもが一生懸命にやっている姿は本当に応援したくなりますよね。その一方で親としては将来を考えると不安になるのもわかります。とはいえ、無理矢理では子どもの自主性を育むことにはなりません。そんなときには自分のなりたい姿を聞いてみるのがおすすめです」

リョウコはワークシートを思い出した。タクヤに20年後を聞いたしつもんだ。

「**例えば将来プロのサッカー選手になる夢があるとして、そのときに必要なものを聞いてみましょう**。海外でプレーするなら語学、長く選手生活を続けるにはスポーツ医学が必要など、子ども自身が自主的に勉強とつながることに興味を持つこともあります」

やや不安そうな顔のヒロ君のママに、コーチは優しく続けて言う。

「そのときに大事なのは、**親が道を示すのではなく、子どもが自分自身で見つけることで**

す。挫折の可能性や保険をかけるような逃げ道を親が示すのと、自分で決めた道を行くのでは全然違ってきます。自分で見つけた道なら子どもは驚くほど前向きに取り組むものです」

Point

他の興味を引き出すことで未来が広がる

コーチの言葉に聞き入る保護者たちの顔を見渡しながらコーチは続ける。

「皆さんはもちろんわかっていることですが、子どものときに描いた夢が叶うとは限りません。しかし、その夢を追いかけていくなかで、分岐した夢が将来につながることもありますよね。**僕たち大人ができることは、その可能性を広げるサポートをすることだと思っています。そのために必要なのが、『しつもんメソッド』で育てることができる自主性だと思います**」

タクヤが語ってくれた将来が夢だけではなく、ダメだったときのこともあったことを思い出し、リョウコは大きくうなずいた。その横でカナエが話しかける。

「タクヤ君、『しつもんメソッド』を始めてから変わったよね。中学受験で勉強しながら、サッカーも頑張ってるし。受け答えもしっかりしてきたと思うもの」

リョウコもそう実感していただけに、認められた気がしてうれしく思ったのだった。

Q

子どもが騒ぎ出すときは？

それぞれのしつもんをコーチにぶつけるなか、キーパーのツカサ君のママが口を開く。

「ウチはツカサと2歳下の弟がいるんですが、二人に『しつもんメソッド』を始めると、とたんに騒ぎ始めてしまうんです。ツカサの集中力も切れてしまってうまくいかなくて……」

コーチも心当たりがあるのか、少し考えてから話し始める。

「以前のチームでの話ですが、同じようなことがありました。年代がバラバラの子たちがいるチームでしたが、みんな一緒に試合後ミーティングをしていたら、隣り合う子同士で騒ぎ始めてしまって。それは、コーチであるわたしを無視しているのではなく、逆にわたしに対して自分のこともっと気にかけてほしいという自己アピールだと気づいたのです」

ツカサ君のママが思い当たるふしがあるような顔をすると、コーチは続けた。

「もしかすると家庭でも、**話を聞いてもらっているお兄ちゃんのことがうらやましかったのかもしれません。その背景を理解せずに叱るのは逆効果。**萎縮して盲従してしまうか、『構ってもらえた』と喜んでもっと騒ぎ出してしまいます」

リョウコは、タクヤとシズカで同じような体験をした。試行錯誤の末に別々にしつもんするという結論に至ったのだが、コーチはどうしたのか強い興味を持った。

Point

ゲームで一体感をつくろう

「そのときコーチはどうしたんですか?」

そうツカサ君のママにたずねられたコーチの答えは、リョウコにとって意外な方法だった。

「**上下の年代が違う子たちを混合チームにして、ちょっとしたゲーム**をしました。もちろん、フィジカルには差があるので体を動かすのではなく、意思疎通ゲームです」

きょとんとした顔のみんなに先生は続ける。

「そのとき用意していたのは数字数えゲームなんですが、各チームで共同して行ったら、このゲームのあとは混合でのチームミーティングでも騒がなくなりました。**混合チームで組んだ年上の子の立場を意識して、ミーティング内容に耳を傾けるようになった**のです」

自分と関係ないという意識から変わったという話にリョウコは深く感心した。

「自分だったら、という意識を持つことが自主性を生むんだ」

2人一緒のときにしつもんをして試してみようと思うリョウコだった。

Q

顔色をうかがわないようにするには？

コーチは手を挙げていなかったカケル君のママに声をかける。

「カケル君のママは、何か気になることはありますか？」

そう問いかけられて意を決したようにカケル君のママはたずねる。

「自分で言うのもなんですが、**ウチの子はすごく〝イイ子〟なんです。だけど何かを聞いても本心で言っているのか自信が持てなくて……**」

確かにカケル君はすごくイイ子だ。学校の勉強もしっかりやって成績もいいし、練習も一生懸命。コーチの話もよく聞くし、親に反抗している姿を見たこともない。家でもそうであれば問題ないようにリョウコは思ったが、コーチからは意外な言葉が返ってきた。

「カケル君がすごく〝イイ子〟なのは確かですね。でも、それが**本当に彼らしい姿かは別の話です。〝イイ子〟ほど根深いかもしれない**ですね」

みんなの間に動揺が走ったのを察したコーチが言葉を続ける。

「いわゆる〝イイ子〟というのは、大人の言うことをよく聞く子どものことを指しますよね。でもこれは、大人から評価される子どもを演じている、とも言い換えられるんです」

Point

本当にやりたいことに耳を傾けよう

「これは別に特別なことではありません。**子どもは親からの評価というのを気にするもの**で、『言うことを聞いたからイイ子』となると、子どもは**親の評価を得たいと行動してしまい、顔色をうかがうように**なります。そうなると自分の意思を出すのではなく、〝親にとっての正解〟を求めるようになるのです。これではとても自主性があるとはいえません」

言葉を失っているカケル君のママをコーチがフォローする。

「もちろん、そう思うのはカケル君がお母さんのことが大好きだからです。それに、気づいたときから変えることはできるので安心してください。今度からカケル君には、**『あなたはどうしたい？』としつもんしてください。最初はとまどうでしょうが、どんな答えを出しても受け止めることで、本心を出しても大丈夫だと安心して話すようになるでしょう**」

まさか優等生のカケル君に問題があったなんて、思いもよらない言葉にショックを受けたリョウコだったが、タクヤの言動を思い出して少しだけ安心した。

「あれだけ口ごたえするならウチは違うかな……」

隣に座るカナエと思わずハモったリョウコは、二人で顔を見合わせて笑った。

Q

しつもんに疲れてしまったときは？

ひととおりのしつもんが終わり、終わりムードが漂った最後にコーチが切り出した。

「しつもんで子どもが自分で考える力を育てるという『しつもんメソッド』ですが、これはあくまでもひとつの文法。**子どもを主役にした考え方ですが、〃完ぺき〃を求めるものではありません**。完ぺきなしつもんの流れや回答を求めると誘導になったり、思いどおりの答えではないことに怒ってしまったり……。**子どもの自由な発想は、たとえ親でもすべてを把握できるものではありません。そして完ぺきを求めすぎると疲れてしまいます**」

タクヤとのやりとりで新しい発見と成長を日々感じているリョウコにとっては、身に染みてわかっていることだが、納得できていない顔の面々もいる。

「今日こちらに集まった皆さんの中にはいませんが、以前のチームで『しつもんメソッド』を実践していた方の話を聞いてください」

今までの和やかなムードとは違う真剣な口調に、みんなもコーチに注目する。

Point

親も楽しめば心も満たされる

「以前、完ぺきを求める人がいました。その方は熱心にしつもんを続けていましたが、後日『疲れ果ててしまった』と相談を受けました。完ぺきな回答予測を立てても思いどおりの答えが返ってこなかったからです。でも、それは**子どもといえど他人なので当たり前。子どもが予想以上に成長していることでもあります。そのときに大事なのは〝子どもの成長を楽しむ心〟、そして〝自分の心を満たす〟こと**です」

そういえば、『しつもんメソッド』を始めてから笑顔が増えた気がする。家で怒ることもなくなった。「以前はガミガミ怒ってばかりだったのにな」リョウコは心の中でつぶやいた。

「子どもの発想力は大人がなくしてしまった柔軟なものばかりです。『現実離れしている』などと怒るのではなく、その柔軟さを親も楽しんでください。そうすることで長く、楽しく『しつもんメソッド』を続けることができるようになります」

コーチの最後の言葉に、居合わせた保護者全員が目を見合わせる。

「コーチ、大丈夫です。わたし、最近はタクヤの答えが楽しみで仕方ないんです」

明るく答えたリョウコの言葉に、コーチの表情も明るい笑顔に変わった。

おわりに

「子どもたちをこう導こう、と目的を持たないことが大事なの」

これは、子ども哲学の授業を行っているドイツの先生の言葉です。

僕にも「この伝え方でいいんだ」と心の中で信じている軸があります。けれど、自分の考えを絶対的であるかのように振りかざして、子どもたちを誘導したりしたら、彼らの人生の邪魔をしかねません。

「ひとりでも多くの子どもたちが、その子らしく輝ける世の中をつくるためにできることは何だろう？」

このビジョンと先生の言葉を胸に、多くの親御さん・指導者の方々と一緒に考えていきたいと願っています。

今回、出版するにあたり、恥ずかしながら自分の未熟さを棚に上げ、さらに勉強面にまで発言をすることにためらいを感じましたが、僕自身も本書で述べたことに取り組み続けていきます。

本書の出版にあたり、ご協力いただいた皆さま、日頃アドバイスをくださる多くの方々に心より感謝申し上げます。「どう接してよいか悩んでいる親御さんに届けるべきです！」と熱っぽく語ってくださった担当編集者のご協力がなければ、この本は生まれませんでした。また、しつもんを活用し、子どもや選手と接するしつもんメンタルトレーニングインストラクターの仲間にも本当に感謝しています。

そして、小さな頃から「こうしなさい」と口にすることはなく、僕が歩みたい道をただ信じてくれた両親に感謝します。子どもたちに「自分の好きなことを大切にしよう」と心から伝えられるのは、二人のおかげです。いつもありがとう。

最後になりますが、本書を手に取ってくださったあなたに感謝します。

どこかでお会いできることを楽しみにしています。

しつもんメンタルトレーニング主宰　藤代圭一

参考文献

『スポーツメンタルコーチに学ぶ！　子どものやる気を引き出す7つのしつもん』
（旬報社）著：藤代圭一

『中学受験を考えたときに読む本』
（洋泉社）編：矢萩邦彦

『子どもと接するときに ほんとうに大切なこと』
（キノブックス）著：田中博史

『親子が輝くモンテッソーリのメッセージ』
（河出書房新社）著：相良敦子

『マンガでよくわかる 子どもが変わる怒らない子育て』
（フォレスト出版）著：嶋津良智

※そのほか、数多くの文献を参考にさせていただきました。

BOOK STAFF

編　　集：木村伸二
デザイン：山口喜秀（Q.design）
D　T　P：徳本育民（G.B. Design House）
マ ン ガ：シロシオ
校　　正：有限会社ペーパーハウス
営　　業：峯尾良久

著者 **藤代圭一**（ふじしろ けいいち）

一般社団法人スポーツリレーションシップ協会代表理事。「教える」のではなく「問いかける」ことでやる気を引き出し、考える力を育む『しつもんメンタルトレーニング』を考案。全国優勝チームや日本代表チームなどさまざまなジャンルのメンタルコーチを務める。全国各地のスポーツチームや学校教育の現場などでワークショップを開催し、スポーツ指導者、保護者、教育関係者から「子どもたちの目が変わった」と高い評価を得ている。2016年からはインストラクターを養成。著書に『スポーツメンタルコーチに学ぶ！ 「子どものやる気を引き出す7つのしつもん」』（旬報社）がある。

しつもんメンタルトレーニング　http://shimt.jp

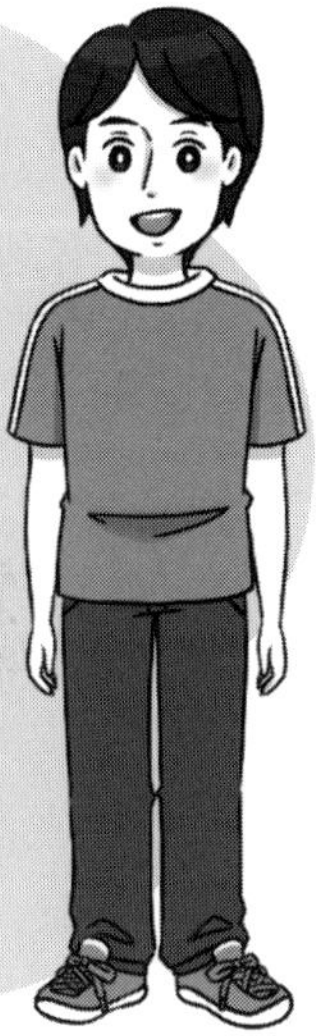

サッカー大好きな子どもが勉強も好きになる本

初版発行　2018年12月25日
第2刷発行　2019年 3 月10日

著　者　　藤代圭一

発行人　　坂尾昌昭
編集人　　山田容子
発行所　　株式会社 G.B.
〒102-0072　東京都千代田区飯田橋 4-1-5
TEL　03-3221-8013（営業・編集）
FAX　03-3221-8814（ご注文）
URL　http://www.gbnet.co.jp

印刷所　　株式会社廣済堂

ISBN　978-4-906993-64-2

Now on sale!!!

ヘルス&
ビューティなら
G.B.の本!

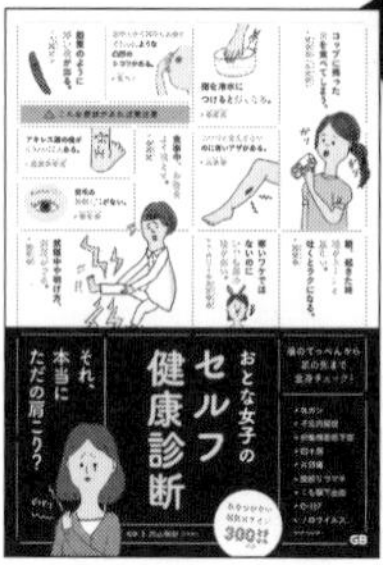

重版出来

おとな女子の セルフ健康診断

体の症状から病気がわかる、女性のための新しい「家庭の医学」。240ページオールカラー、イラストでわかりやすく紹介します。
監修:内山明好
本体1600円+税

美人をつくる 熟睡スイッチ

たった3日で美人になれる、人生が変わる。究極の睡眠指南書です。
著:小林麻利子　本体1300円+税

イラスト図解
1番わかりやすい 糖質と血糖値の教科書

明日から実践できる、糖質オフ&血糖コントロールの知識とコツが満載。
著:麻生れいみ　本体1500円+税

イケメントレーナー presents
ずぼら女子のための おとなキレイ養成講座

予約が取れないジムのイケメントレーナー達が、美人メソッドを解説!
著:トキオ・ナレッジ　本体1300円+税

かしこい子が育つ シリーズ

正しい歯の みがき方
監修:
豊山とえ子
本体:
1400円+税

足うら マッサージ
著:
鈴木きよみ
本体:
1400円+税

乳がん患者の8割は朝、パンを食べている

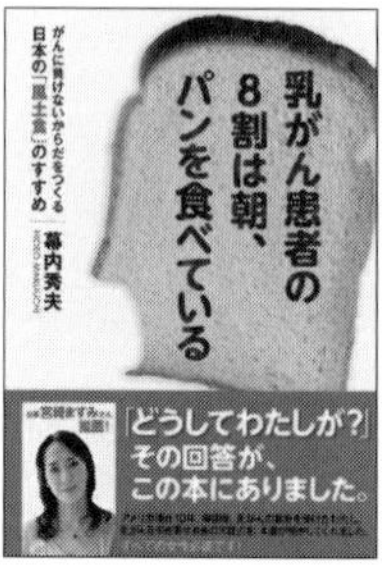

食のスペシャリスト・幕内秀夫氏が問う、乳がんと食生活の密接な関係。
著:幕内秀夫　本体1300円+税

つらくないがん治療 高濃度ビタミンC点滴療法

副作用がまったくない「高濃度ビタミンC点滴療法」の治療法と効果。
著:柳澤厚生　本体1500円+税